대치동 수학 고민 상담소

수학을 유난히 어려워하는 아이들을 위한 공부 전략

MATH
√x

대치동 수학 고민 상담소

✦ 김현정 지음 ✦

브리드북스

추천사

저는 김현정 선생님을 만나 수학을 어떻게 공부해야 하는지 확실히 알게 되었습니다. 물론 그 과정이 쉽지는 않았지만, 노력은 반드시 성적 상승으로 이어졌습니다. 그렇기에 힘들어도 보람 있는 여정이었습니다. 이 책에는 제가 직접 실천했던 공부법이 담겨 있습니다.

먼저, 이 책은 학생들이 겪는 다양한 고민에 대한 해답을 줍니다. 수학을 공부하다 보면 문득문득 어떻게 공부해야 할지 막막한 순간이 찾아옵니다. "공식을 꼭 외워야 할까?", "개념서를 다 공부했는데, 새 책을 사야 할까, 아니면 기존 책을 다시 봐야 할까?" 이런 고민은 누구나 한 번쯤 해 봤을 것입니다. 이 책은 학생들이 맞닥뜨리는 이런 고민들에 대해 구체적인 해결책을 제시합니다.

둘째, 이 책은 학생들이 놓치기 쉬운, 효과적인 공부 방법들을 안내합니다. 수학 공부에는 효과적인 방법이 분명히 존재합니다. 단순히 문제를 많이 푸는 것만이 능사가 아닙니다. 어떤 학생은 자신만의 공부법을 스스로 찾아내기도 하지만, 그 과정에서 많은 시행착오와 시간이 필요합니다. 믿을 만한 가이드가 있다면, 더 빨리 올바른 길로 나아갈 수 있습니다.

셋째, 이 책은 시험에서 성과를 내기 위한 전략을 알려 줍니다. 수학 실력이 늘어나는 것만큼이나, 시험에서 그 실력을 발휘하는 것이 중요합니다. 시험 점수는 단순히 수학 실력만으로 결정되지 않습니다. 시험을 잘 보기 위해 필요한 요령과 전략은 따로 존재합니다.

김현정 선생님은 이 책에서 시험장에서 실력을 최대한 발휘할 수 있는 다양한 요령을 알려 줍니다. 하지만 이 책을 한 번 읽는다고 해서 수학 성적이 자동으로 오르지는 않을 것입니다. 책에 담긴 방법들을 직접 실천하고 반복적으로 연습해 보세요. 저 역시 그 과정을 통해 눈에 띄는 변화를 경험했습니다.

_서울대학교 물리학과 재학생

쉬운 문제를 풀 때는 괜찮았지만, 심화 문제가 나오면 머릿속이 하얘지곤 했습니다. 선생님께서 문제를 풀어주실 때는 이해가 되는 것 같았지만, 막상 혼자 풀려고 하면 곧 막히기 일쑤였습니다. 그렇게 점점 수학은 어렵게만 느껴졌고, 제 자신감도 함께 곤두박질칠 때였습니다.

김현정 선생님을 만나면서 제 수학 공부 방식에 커다란 변화가 찾아왔습니다. 선생님의 수업은 제가 어릴 때부터 배워 온 방식과는 많이 달랐습니다. 선생님께서는 배운 개념을 말로 직접 설명하거나 빈 종이에 아는 것을 모두 써 보게 했습니다. 처음에는 익숙하지 않은 방식이어서 어렵게 느껴질 뿐만 아니라, 과연 이 방법이 효과가 있을까 하는 의문도 들었습니다.

그러나 시간이 흐르면서 변화가 서서히 느껴졌습니다. 개념을 직접 설명하고 정리하다 보니 제가 어떤 개념을 확실히 알고 있고, 또 어떤 부분에서 자주 헷갈리는지를 명확히 알게 되었습니다. 이렇게 스스로 정리한 개념들은 잘 까먹지 않았고, 확실히 이해했다는 느낌이 들었습니다. 그 결과, 그 개념이 적용되는 문제를 풀 때는 더 이상 주저하지 않게 되었고, 자신감도 점점 생겼습니다. 자연스럽게 성적도 눈에 띄게 오르기 시작했습니다. 이 과정을 통해 수학에 대한 흥미도 다시 살아났습니다.

현재 저는 대학교에 다니면서 과외를 통해 다른 학생들에게 수학을 가르치고 있습니다. 김현정 선생님께 배운 수학 공부 방식을 그대로 전수하며, 학생들이 더 효과적으로 공부할 수 있도록 돕고 있습니다.

이 글을 읽는 많은 학생이 수학을 통해 자신감을 얻고, 자신의 가능성을 발견하기를 진심으로 바랍니다.

_고려대학교 이공계열 재학생

수학 공부에는 여러 가지 방법이 있지만, 그중에서도 가장 중요한 것은 내가 왜 틀렸는지 정확히 아는 것이라고 생각합니다. 그리고 그 핵심은 결국 개념 공부로 귀결된다는 사실을 깨달았습니다.

저는 김현정 선생님과 공부하면서 이 점을 더욱 명확히 이해하게 되었습니다. 선생님은 늘 "오답 체크가 곧 개념 학습이다"라는 말씀을 강조하셨습니다. 또, 여러 문제집을 푸는 것보다 틀린 문제를 중심으로 해당 개념을 반복해서 익히는 것이 공부의 핵심이라고 가르쳐 주셨습니다. 이러한 방식으로 오답을 정리하며 개념 공부에 초점을 맞추다 보니, 출제자의 의도가 보이기 시작했고, 비로소 문제를 푸는 방법이 명확히 보였습니다.

김현정 선생님의 수업은 단순히 문제 풀이를 넘어, 제가 수학이라는 과목을 대하는 태도 자체를 바꾸어 주었습니다. 특히, 틀린 문제를 정리하며 해당 개념을 다시 학습하는 과정에서 수학 실력이 단단히 다져지는 경험을 했습니다.

제가 이렇게 수학 공부법을 제대로 깨닫게 된 것은 선생님이 실제로 학생들을 지도하며 쌓아 온 경험을 바탕으로 효율적인 방법을 알려 주었기 때문이라고 생각합니다. 김현정 선생님의 책은 공부법을 다룬 책 중에서도 학생들에게 명확한 이정표가 되어 줄 것입니다.

_연세대학교 이과대학 졸업생

학창시절 제가 수포자였기에 아이 또한 수학에서 어려움을 겪을까 늘 걱정이 많았습니다. 수학이 대입에서 중요한 과목임을 알기에 어릴 때부터 기초를 키워 주고 싶었지만, 제가 수학을 잘하지 못했기에 어디서부터 시작해야 할지 엄두가 나지 않았습니다.

그런 저에게 김현정 원장님은 좋은 코치가 되어 주셨습니다. 30년 넘는 시간 동안 대치동에서 수학을 가르친 경험이 있는 김현정 선생님은 어떤 고민을 가지고 가든 명쾌한 해결책을 제시해 주었습니다.

원장님은 무분별하게 선행 학습을 진행하는 것을 지양하십니다. 선행 학습을 통해 어떤 유익을 얻을 수 있는지, 그리고 그 과정에서 생길 수 있는 빈틈을 어떻게 보완해야 하는지를 명확히 제시합니다.

특히, 선생님이 강조하는 선행 학습의 빈틈을 메우는 방법은 단순히 수학에만 국한되지 않고, 다른 과목의 학습 전반에도 큰 변화를 가져다주었습니다. 제가 직접 선생님의 학습법 안내를 받으며 느꼈던 변화를 바탕으로, 이 책이 많은 학생들에게 긍정적인 변화를 가져다줄 것이라 확신합니다.

_서울대 이공계열 재학생 학부모

저는 문과 출신의 학부모입니다. 아이가 학년이 올라갈수록 수학 과목에서 도움을 주는 데 한계를 느끼게 되었습니다. 학창 시절의 제 전공과는 거리가 먼 수학은 점점 낯설게 느껴졌고, 아이에게 어떻게 도움을 줘야 할지 막막하기만 했습니다. 아이의 수학 실력을 보다 확실히 뒷받침해 주고 싶어 대치동 학군지로 이사를 고려하기도 했지만, 현실적인 여건상 불가능한 일이었습니다. 그러던 중 김현정 선생님의 책과 영상을 접하며 새로운 돌파구를 찾게 되었습니다.

책을 통해 수학 공부는 어떻게 해야 하는지, 개념을 어떻게 공부하고 공식을 왜 외워야 하는지, 그리고 아이에게 맞는 진도 로드맵을 어떻게 설계해야 하는지 등 다양한 고민의 답을 얻을 수 있었습니다.

책의 내용을 기반으로 한 걸음 한 걸음 실천해 나가면서, 대치동 학군지로 직접 가지 못했지만 아이에게 딱 맞는 든든한 멘토 선생님이 생긴 듯한 느낌을 받았습니다. 저와 같은 고민을 가진 학부모님들께 이 책을 꼭 추천하고 싶습니다. 김현정 선생님과 함께 우리의 아이들이 더 나은 방향으로 성장해 나가길 바랍니다.

_예비 고2 자녀를 둔 학부모

대치동만이 답일까요?

유튜브를 통해 학부모와 소통하다 보면 종종 이런 댓글을
접하곤 합니다.

"거리가 된다면 저도 대치동으로 보내고 싶어요."

"대치동 학생들이 정말 부럽네요."

대치동은 교육열이 높고 사교육이 활발한 지역으로 유명합
니다. 저 역시 학창 시절부터 대치동의 명성을 익히 들어 왔
습니다. 대학 입학 후 만난 친구들 중엔 대치동에서 탄탄한
사교육을 받았던 친구들이 많았습니다. 저는 사교육 없이 혼
자 공부해 온 터라 그들과 비교가 되는 것 같았습니다.

제가 대치동과 인연을 맺은 건 처음 발령받은 경기여고에서 였습니다. 이후 대치동에서 33년 동안 교사와 학원 강사로서 학생들을 가르치며 이 지역의 교육 현장을 깊이 경험했습니다. 오랜 세월 수많은 학생들을 만나며 늘 고민해 왔던 질문이 있습니다.

"대치동만이 답일까?"

대치동 학생들의 특별함은 '열정과 속도'에 있습니다. 그 특징은 선행 학습에서도 드러납니다. 그곳에서는 중학교 3학년이면 고등학교 전 과정을 끝내는 것이 보편적입니다. 그래서 고등학교 3학년이 되면 많은 학생이 문제 풀이와 응용력을 다듬을 충분한 여유가 생깁니다.

학업 분위기가 이렇게 치열하다 보니 방학이 시작되면 확실한 목표를 가지고 공부하겠다고 찾아오는 학생들로 붐빕니다.

"대치동 학생들은 얼마나 선행이 빠를까?"

"우리 지역 학생들보다 얼마나 열심히 공부할까?"

6~8시간씩 이어지는 강도 높은 특강과 몰입 분위기에 충격을 받고 돌아간 학생은 학기중에도 그 동력을 이어 가는 경우

가 많습니다. 이런 점이 격차를 만들며, 특히 수학 성적의 차이로 이어지기도 합니다.

하지만 모든 대치동 학생이 성공하는 건 아닙니다. 이곳에도 수학을 어려워하고 심지어 포기하려는 학생들도 많습니다. 수학을 잘하고 쉽게 공부할 수 있는 다른 길도 분명 있는데 그 방법을 모르고 있는 학생들을 볼 때면 안타깝습니다.

저는 대치동에서 수많은 학생들을 지도해 왔지만, 한 가지는 분명히 말씀드리고 싶습니다. 대치동이 학습을 완성시키는 장소는 아니라는 점입니다.

물론, 대치동이 특별한 이유는 있습니다. 유명한 학원과 강사, 빠른 선행 학습, 어려운 내신 시험, 그리고 학생들의 뜨거운 학구열이 이곳을 대표하는 특징일 것입니다. 하지만 이 중 어떤 요소도 대치동에서만 가능한 것은 아닙니다.

유명한 강사는 인터넷 강의를 통해 어디서든 접할 수 있습니다. 선행 진도는 대치동이 아니더라도 학생의 상황에 맞는 계획표를 세우거나, 이 책에서 제안하는 로드맵을 참고하여 진행해도 됩니다. 내신 대비는 각 지역 시험의 특성을 잘 파악하여 준비할 수 있습니다. 수능 준비는 기출 문제 풀이를 미리 시작하는 것이 효과적이며, 이는 대치동 밖에서도 실천할 수 있는 방법입니다. 뜨거운 학구열은 특정 지역에만 국한되지 않습니다. 학생이 속한 학교와 지역에서도 분명 발견할 수 있습니다.

자녀의 학업에 대해 염려하고, 대치동을 궁금해하는 부모님의 마음은 충분히 공감합니다. 그러나 더 중요한 것은 대치동이라는 장소에 대한 의존심이나 '수학은 어렵다'는 선입견을 내려놓는 것입니다. 대신 자녀가 효과적인 수학 공부법을 익히고, 이를 꾸준히 실천할 수 있도록 돕는 것이 핵심입니다. 올바른 학습 방법은 특정 지역이나 환경이 아니라, 학생의 의지와 적합한 지도에서 비롯된다는 점은 부모님도 잘 아실 거라 믿습니다.

수학 머리보다 중요한 것

우리나라 중고등학교 수학 공부는 수학 머리가 아니라 초중고 12년을 준비하는 계획과 학생의 노력이 중요합니다. 수학 머리와 상관없이 개념 기초와 심화를 착실히 공부한 후 다음 학년을 미리 공부해 두면 고등학교에 가서 좋은 결과를 얻을 수 있습니다.

대치동에는 뛰어난 수학 실력으로 최상위권을 유지하는 학생도 많습니다. 하지만 더욱 주목할 점은 평범한 학생들이 올바른 공부 습관과 꾸준한 노력으로 명문 대학에 합격하는 경우가 많다는 사실입니다.

저는 이러한 학생들의 수학 공부 과정을 지켜보면서 한 가지 결론을 내렸습니다.

'수학은 미리 배우는 것이 유리하다.'

어떤 분야든 초기 단계를 배우는 것은 어렵고 지루합니다. 태권도를 배우든 영어를 배우든, 처음엔 넘어지고 부딪히는 과정을 거쳐야 자신감과 재미를 느끼는 단계에 도달합니다.

수학도 마찬가지입니다. 무언가를 잘하게 되면 재미가 붙고, 그러다 보면 더 잘하고 싶어집니다. 이 선순환이 아이가 수학을 좋아하고 잘하게 만드는 열쇠입니다. 반대로 기초가 부족하면 흥미를 잃고 포기하기 쉽습니다. 특히나 우리나라 교육 여건상, 방대한 수학 공부를 고등학교에 가서 다 익히는 것은 쉽지 않습니다. 다른 과목 성적도 균형 있게 잘 관리해야 하고 입시전형에 맞춰 준비까지 해야 하는 상황에서 선행 학습 없이 원하는 대학에 합격하기란 어렵습니다.

수학은 혼자 공부하는 것이다

전작『수학은 암기다』로 수학에 대한 편견을 깨는 기초 수학 공부법을 알려 주고,『수학 1등급 로드맵』에서는 이를 바탕으로 수학 공부 12년 로드맵을 제시했다면, 이 책『대치동 수학 고민 상담소』에서는 흔들림 없는 수학 최상위 실력을 쌓는 노하우를 담았습니다.

대치동까지 오지 않아도, 아이가 올바른 방법으로 공부하며 원하는 목표를 이룰 수 있도록 도움을 주고자 이 책을 썼습니다. 대치동의 교육 노하우를 벤치마킹하면서도 혼자 공부하는 힘을 키워 주는 방법을 알려 주고 싶었습니다.

결국 수학을 잘하는 핵심은 혼자서 공부하는 시간의 양과 질에 달려 있습니다. 학생들에게 늘 하는 말이 있습니다.

"수학이 안 풀리면 연필을 들고 자라."

농담처럼 들리겠지만, 실은 진심입니다. 저는 실제로 고3 시절에 연필을 품에 안은 채 잠이 들곤 했습니다. 일부러 그런 것이 아니라 잠자기 전까지 문제를 풀다 보니 연필을 안고 자게 된 것입니다. 이 말은 학생들 사이에서 명언이 되었습니다.

이 말의 진짜 속뜻은 혼자서 수학 문제를 풀라는 것입니다. 개념을 이해하고 외운 다음 문제를 직접 풀어야 합니다. 선생님의 설명을 듣거나 참고서 풀이를 보는 건 수학 공부가 아닙니다. 문제를 풀고, 오답이 나오면 다시 풀면서 손으로 익혀야 비로소 내 것이 됩니다.

대치동에서 학원을 운영하면서도 저는 학생들에게 자주 말합니다.

"혼자 공부하는 게 가장 중요해."

학생이 학원을 그만두며 "혼자 공부해 보겠다"고 하면 저는 진심으로 응원하고 격려해 줍니다.

"잘 결정했어! 공부는 결국 혼자 하는 거야."

수학 실력은 선생님과 함께하는 시간보다 연필 들고 스스로 문제를 풀어 가며 혼자 고민하는 시간이 쌓일수록 향상됩니다.

이 책에 담긴 수학 선행 방법과 올바른 공부법이 학생과 부모님에게 든든한 길잡이가 되기를 바랍니다.

김현정

차례

2부

When
초중고, 놓쳐서는 안 될 선행 시기

3부

How

초중고 학생이 선행 학습하는 법

4부

Q&A
수학 선행에 대한 모든 궁금증

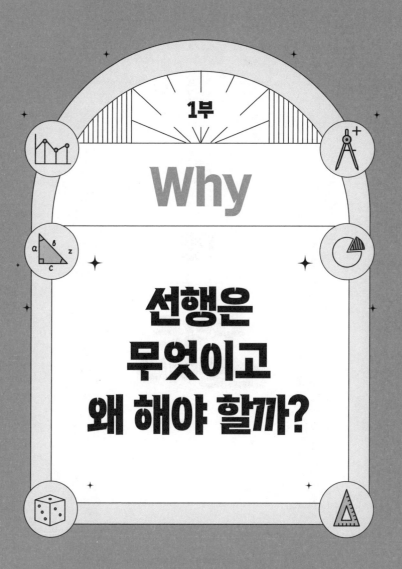

1부

Why

선행은
무엇이고
왜 해야 할까?

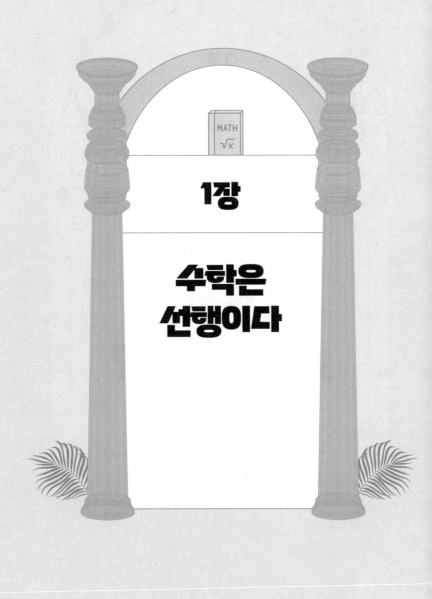

1장

수학은
선행이다

해야 할까, 말아야 할까?

"선행, 안 하면 우리 아이만 뒤처지는 건 아닐까?"

"지금 하는 수학 공부도 너무 벅찬데 선행까지 할 수 있을까?"

"수학이 어렵다고 하는데 예습 차원으로 미리 조금씩이라도 접하게 하는 것이 좋지 않을까?"

"골치 아픈데, 그냥 학원에 아이를 맡기면 안 될까?"

선행 학습은 지금 배우고 있는 진도보다 빠르게 학습하는 것, 또는 자신의 학년을 뛰어넘어서 더 높은 수준을 학습하는 것을 말합니다. 이러한 선행 학습에 대해 많은 부모님이 다양한 생각을 가지고 있습니다. 특히 다른 과목보다 어려워하는 수학의 경우 선행 학습을 시켜야 할지를 두고 한 번쯤은 진지하게 고민해 보는 부모들이 많습니다.

　수학 하면 많은 사람이 재미있고 도전적인 과목이라고 생각하기보다, 어렵고 머리가 아프다는 부정적 인상을 먼저 떠올리곤 합니다. 그만큼 수학은 본능적으로 어려운 과목으로 여겨집니다. 이런 상황에서 '선행 학습'을 해야 하는지에 대한 고민이 더해지면 그 부담감은 배가 됩니다. 대학 입시에서 수학이 중요한 만큼 자신의 자녀가 수학에서 뒤처지지 않기를 바라는 것은 어떤 학부모든 똑같은 마음이기 때문입니다.

　하지만 교육 전문가들은 수학 선행 학습이 학생들에게 과도한 부담을 주고, 결과적으로 교육을 망칠 수도 있는 우려의 목소리를 냅니다.

　선행 학습, 정말 나쁘기만 할까요?

　부모님 세대나 그 이전 세대가 초등학교 시절, 수학 교과서의 이름은 지금처럼 '수학'이 아니라 '산수'였다는 점만 봐도 수학 교육의 변화는 매우 크고 뚜렷합니다. 예전에는 고학년이 되어야 수학과 수학 익힘책을 접할 수 있었지만, 요즘은 초등학교 1학년부터 수학과 수학 익힘책을 사용합니다. 게다가 과거에는 모두가 미적분을 배우지는 않았습니다. 미적분을 배우지 않고 졸업하는 경우도 있었습니다. 어떤 시기에는 문과 학생들도 이과와 거의 같은 수준의 수학을 공부하기도 했습니다. 현재는 문과와 이과의 구분이 점점 더 모호해지고, 통합이라는 이름 아래 과목들이 융합되고 있습니다. 이처럼 학교에서 배우는 수학이 과거와 비교해 많이 달라졌습니다.[*]

요즘에는 유아를 대상으로 놀이로 시작해 영재 수학으로 이어지는 수학 학습의 시대가 열리고 있습니다. 교구와 놀이를 통해 유아기부터 자연스럽게 수학과 친숙해지도록 하면서, 7세 무렵에는 많은 학원에서 본격적으로 영재 수학의 길로 안내하려 합니다. 그러나 이런 과정이 자칫 과도해지면 아이들은 큰 불안을 느끼는 동시에 부모들 또한 빠르게 변해 가는 교육 환경에 적응해야 한다는 부담감을 갖습니다.[**]

우리나라 교육 시스템의 특수성도 있습니다. 수학이 대학 합격에 큰 영향을 미치기 때문에, 우수한 수학 성적을 유지하는 것이 중요합니다. 물론 아이가 어릴 때부터 진로가 확실해서 수학 성적이 아닌 적성을 살린 교육을 받게 한다면 이상적

---

[*] 오안쌤, 『엄마표 수학 큐레이션』(웨일북, 2023), p59
[**] 오안쌤, 『엄마표 수학 큐레이션』(웨일북, 2023), p60

이겠지만, 현실은 그렇지 못합니다. 대학 합격을 위한 수학 성적은 결국 대다수 학생이 나중에 원하는 길을 찾는 데 중요한 밑거름이 될 수 있습니다.

수학 배움의 시작도 빨라지고, 갈수록 중요성도 높아지는 만큼 수학 선행 학습을 하지 않고 현행 학습만으로 계속 수학 상위권을 유지하기가 쉽지 않습니다. 특히 다른 과목 성적도 골고루 관리해야 하는 고교 시기에 방대한 수학을 차근차근 학습해 원하는 결과를 얻기는 어렵습니다.

이와 같은 이유로 선행 학습을 과도하게 하거나 너무 성급히 진행하면 위험할 수 있지만, 적절히 잘 활용한다면 학생에게 유리하게 작용할 수 있습니다.

수학 정서, 잘해야 재미있어진다

'선행을 해야 할까, 말아야 할까' 하는 물음은 사실상 이미 답이 있는 문제일 수 있습니다.

우리가 살고 있는 교육 환경에서 선행 학습은 이미 시작되었고, 많은 학생이 수학 학습의 진도를 더 빨리 나가고 있습니다. 그렇다면 "선행 학습을 해도 될까?" 라는 질문은 사실 의미가 없을지도 모릅니다. 오히려 중요한 것은 선행 학습을 어떻게 잘 다루느냐 하는 점입니다.

선행 학습을 한다고 해서 아이가 수학을 싫어하거나 부담을 느끼게 되는 것은 아닙니다. 그러니 선행 학습에 대해 무조건적인 거부감보다는 배움에 대한 호기심과 적극적인 태도로 접근하는 것이 중요합니다. 아이가 숫자에 관심을 보일 때, 이를 무심코 지나치지 않고 적절한 시점에 새로운 개념을 접하게 하는 것은 매우 긍정적인 효과를 발휘할 수 있습니다. 이는 또한 아이에게 중요한 학습 동기를 제공합니다.

저는 여기서 더 나아가 수학을 어려워하는 학생일수록 선행 학습을 통해 긍정적인 변화를 이끌어 낼 수 있다고 생각합니다. 선행 학습이 단지 수학을 잘하는 아이에게만 유리한 것은 아닙니다. 수학에 대한 감정적인 장벽을 허물어 결국 수학을 잘할 수 있는 기회를 줄 수도 있기 때문입니다. 이 말이 조금 의아하게 들릴 수도 있지만, 수학에 대한 정서와 수학 실력 사이에는 상호작용하는 관계가 존재합니다.

모든 분야가 그렇듯이, 초기 단계의 어려움과 지루함을 넘어설 때 진정한 성취감을 맛볼 수 있습니다. 예를 들어, 태권 도나 영어를 배울 때도 기초적인 부분이 가장 어렵습니다. 그 단계를 지나면 자신감을 얻게 되고, 점점 더 재미를 느끼게 됩니다.

수학도 그렇습니다. 뭐든 잘해야 재미있어집니다. 아이가 수학을 잘 풀어내고, 자신감을 얻을 때 수학에 대한 긍정적인 감정이 자연스럽게 따라옵니다. 서툴수록 여러 차례에 나눠 수학을 접하게 해 주고 단계적으로 성취를 쌓아 가면 점점 더 잘하게 됩니다. 그 결과 수학을 좋아하는 마음이 생깁니다. 수학을 잘해야 수학에 대한 정서가 좋아지고, 결국 수학을 잘할 수있는 기반이 마련됩니다. 그래서 힘든 순간을 넘어서면 진정한 성취와 재미가 뒤따른다는 점에서, 선행 학습은 이러한 과정을 미리 경험할 수 있는 기회를 제공합니다.

요컨대, 수학 선행 학습은 '하느냐, 마느냐'의 선택 문제가 아니라, 선행 학습의 내용과 방향을 정확히 이해하고 올바른 방법으로 실천하는 것이 중요합니다.

그렇다고 자녀에게 무리하게 선행 학습을 강요하는 것은 결코 바람직하지 않습니다. 예를 들어, 아이가 관심이 없거나 이해하기 어려운 내용을 억지로 가르치려 하면, 이는 수학에 대한 부정적인 감정을 불러일으킬 수 있습니다. 진정한 선행 학습은 아이의 개별적인 능력과 수준에 맞춰 이루어져야 하며, 이를 위해서는 아이의 언어 이해력, 사고 수준, 그리고 수학적 흥미를 파악하고 이를 채워 주는 작업이 필요합니다.

그래서 선행 학습의 함정에 빠지지 않기 위한 지혜가 필요합니다. 무작정 진도를 빼거나, 단기적인 성과를 추구하는 유혹에 빠지지 않아야겠지요. 이를 주의하지 않으면, 아이는 수학에 부정적인 감정을 가질 수 있고, 수학에 대한 자신감이나 효능감을 느끼지 못할 수 있으니까요. 이때 부모의 역할은 아이의 긍정적인 수학 정서를 유지하는 것이며, 아이가 자신만의 속도와 방식으로 수학을 습득할 수 있도록 돕는 것입니다.

다음에서 수학을 미리 공부했을 때 오히려 수학이 재미있어지는 이유를 3가지 측면에서 살펴보겠습니다.

2장

수학 선행이
필요한 이유
3가지

첫째, 상위 개념을 배우며 개념을 확장한다

✚ 선행 학습을 한 경우와 그렇지 않은 경우

선행 학습을 통해 상위 개념을 먼저 익히면, 이를 바탕으로 개념이 확장되는 효과를 경험할 수 있습니다. 수학에서 중요한 것은 기초 개념을 잘 이해하는 것뿐만 아니라, 그 기초 위에 더 높은 수준의 개념을 자연스럽게 쌓아 가는 것입니다. 상위 개념을 배우면서 이전에 배운 내용을 확장하고, 여러 가지 개념이나 공식을 자유롭게 활용할 수 있게 되면, 문제 풀이가 훨씬 수월해지고 자신감도 함께 올라갑니다.

준석과 승원은 중2 겨울방학 동안 서로 다른 방식으로 수학을 공부했습니다. 저는 두 학생에게 중등 3-1 과정과 그다음 단계인 공통수학1 과정을 선행 학습하라고 권했습니다.

준석은 처음에 선행 학습을 망설였지만, 제 권유로 중등 3-1 과정을 학습하기 시작했습니다. 초기에는 새로운 개념과 문제 풀이 방식에 익숙하지 않아 어려움을 겪었지만, 차츰 이해도를 높여 갔습니다. 중등 3-1 과정을 완전히 익힌 후에는 공통수학1의 상위 개념까지 도전했습니다. 공통수학1 학습 초기에도 난이도 때문에 혼란스러워했지만, 점차 상위 개념을 이해하면서 기존에 배운 개념이 확장되고 문제 풀이가 수월해지는 것을 경험했습니다.

반면, 승원은 수학에 대한 자신감 부족으로 선행 학습을 시도하기보다 지난 학기에 배운 중2 과정을 복습하기로 결정했습니다. 승원은 복습을 통해 기본기를 다지는 데 집중했지만, 이를 반복하다 보니 앞으로 나아가는 속도가 더뎌졌습니다. 겨울방학 동안 중등 3-1 과정만 간신히 마칠 수 있었고, 공통수학1의 상위 개념에는 도전하지 못했습니다.

결과적으로, 중3 1학기 내신 시험에서 두 학생 간에 차이가 나타났습니다. 선행 학습을 통해 상위 개념을 익힌 준석은 중등 3-1 과정에서 배운 내용을 상위 개념과 연계하여 문제를 쉽게 해결할 수 있었습니다. 반대로, 승원은 중2 겨울방학 동안 복습과 중등 3-1 과정까지만 학습한 탓에 중3 1학기 내신을 준비하는데 어려움을 겪었습니다. 공통수학1의 상위 개념과 연결된 고난이도 문제를 푸는 데 한계를 느꼈고, 시험 결과도 좋지 못했습니다.

이런 사례는 자주 접할 수 있습니다. 선행 학습이 단기적으로는 힘들 수 있지만, 장기적으로는 수학 실력에 큰 차이를 만든다는 점을 보여 줍니다. 준석은 적절한 시기에 선행 학습을 통해 중3 내신 시험을 자신 있게 준비할 수 있었고, 승원은 선행을 하지 않아 수학 진도가 느려지고 실력이 뒤처지게 되었습니다.

결론적으로, 선행 학습을 통해 상위 개념을 먼저 익히면, 수학 실력은 자연스럽게 향상되고, 새로운 개념을 접할 때도 보다 쉽게 이해하고 해결할 수 있는 능력이 길러집니다.

✚ 개념은 어떻게 확장될까?

수학은 나선형 학습 원리를 따릅니다. 즉, 학년이 올라갈수록 배운 개념은 점점 더 심화하고 확장되며, 이전에 익힌 내용을 바탕으로 새로운 개념을 배우고 이를 활용해 문제를 해결하게 됩니다. 그래서 개념을 알면 알수록 이전에 어렵게 느껴졌던 수학 문제들을 쉽게 풀 수 있는 능력을 기를 수 있습니다.

예를 들어, 고등학교 수학에서 배우는 개념이나 문제 유형이 중학교에서 접한 내용과 연결되는 방식으로 개념을 확장해 나갈 수 있습니다. 수학 개념이 어떻게 확장되는지를 몇 가지 예시를 통해 살펴보겠습니다.

1. 근의 공식과 판별식

중등 3-1 수학에서 이차방정식의 근의 공식을 배웁니다. 이 공식에 포함된 값을 판별식이라고 합니다. 판별식의 부호에 따라 이차방정식의 근의 개수가 결정되죠. 그런데 공통수학1 에서는 이 판별식이 이차함수의 그래프에 어떻게 적용되는지를 배웁니다. 이차방정식에서 우변을 0으로 정리하면 좌변은 이차함수의 형태가 되어, 그 그래프를 그리면 x축과 만나는 교점의 개수로 판별식의 부호를 알 수 있습니다. 이렇게 이전에 배운 방정식 개념을 함수 개념으로 확장할 수 있기 때문에, 공통수학1을 공부한 학생들은 중3 1학기 내신에서 더욱 정확하게 문제를 풀 수 있습니다.

2. 연립일차방정식

중등 2-1에서 연립일차방정식을 배우는데, 이때 두 직선의 교점을 구하는 개념이 등장합니다. 이후 공통수학2에서는 이 두 직선의 위치 관계를 다시 배우면서 연립일차방정식의 해를 두 직선의 교점으로 더 직관적으로 이해할 수 있게 됩니다. 이런 방식으로 연립일차방정식을 배우면 이후에 두 직선의 그래프를 통해 해의 종류를 정확하게 구할 때 유용합니다.

3. 이차함수

중등 3-1에서 이차함수를 배우면서 그래프, x절편, y절편, 대칭축 등 다양한 개념을 익힙니다. 처음에는 꼭짓점이 원점인 이차함수를 배우고, 나중에는 평행이동이 된 일반적인 이차함수를 배웁니다. 이 개념은 공통수학1, 공통수학2에서 반복적으로 등장하며, 고등 수학에서도 계속해서 사용됩니다. 이차함수는 함수 개념의 핵심이기 때문에, 중등 수학에서 이를 제대로 학습해야 고등 수학을 잘할 수 있습니다. 중등 3-1에서 이차함수의 기초를 잘 배운 학생은 공통수학1, 2에서 나오는 이차함수 문제를 훨씬 쉽게 풀 수 있습니다.

4. 제곱근

중등 3-1에서 배운 제곱근은 공통수학2에서 무리함수로 확장됩니다. 이후 대수 과정의 지수 단원으로도 이어지며 n제곱근을 배우게 됩니다. 특히 고등 수학에서는 그래프를 이용하여 제곱근의 해를 설명하는 등 심화 개념이 나옵니다. 제곱근은 고등학교에서도 무리함수, 지수함수 등 다양한 형태로 계속해서 다뤄지므로, 중3에서 제곱근을 제대로 배우면 이후 세제곱근, 네제곱근 등도 어렵지 않게 배울 수 있습니다.

5. 인수분해

중등 3-1에서 인수분해 개념을 배우고, 이를 공통수학1에서 더 심화된 형태로 학습합니다. 공통수학1에서도 인수분해는 중요한 부분을 차지하는데, 중등에서 인수분해를 충분히 익힌 학생은 공통수학1에서도 복잡한 인수분해 문제를 쉽게 풀 수 있습니다. 선행 학습으로 공통수학1의 인수분해 문제를 다뤄본 학생들은 중등 3-1의 인수분해 문제를 쉽게 해결할 수 있습니다.

6. 일차부등식

중등 2-1에서 배우는 일차부등식은 공통수학1에서 다루는 일차부등식과 연립일차부등식으로 연결됩니다. 중등에서 일차부등식의 기본 개념을 배운 후, 공통수학1에서는 여러 개의 부등식 해를 구하는 연립일차부등식을 배웁니다. 이처럼 이전 과정을 확장해 나가며 심화 학습이 이루어집니다.

앞서 말했듯이 수학은 단계적으로 확장되고 반복적으로 다루어지는 나선형 구조로 이루어집니다. 각 학년에서 배우는 개념은 그 자체로 중요한 의미가 있을 뿐 아니라 이후에 배우는 더 고차원적인 개념과 문제 해결에도 필수 토대가 됩니다. 선행 학습은 단순히 '앞으로 나가자'가 아니라, 이런 개념의 확장과 심화를 효과적으로 경험하게 하는 방법입니다.

둘째, 수학 자신감을 기른다

✚ 선행과 후행

학기가 끝날 때면 많은 학부모로부터 받는 질문이 있습니다.

"이번 학기에 배운 내용을 다시 한 번 복습해야 할까요? 그래야 다음 학기를 잘 준비할 수 있을 것 같아요."

그때마다 저의 대답은 단호합니다.

"이번 학기 복습은 하지 않아도 됩니다."

내신 성적이 좋지 않은 경우 선행 학습과 후행 학습 사이에서 갈등을 겪게 됩니다. 이럴 때 어떤 공부법을 선택해야 효과적일까요?

얼마 전 수학을 매우 어렵게 느끼던 고등학교 1학년 민지와 태현이를 만났습니다. 둘 다 고등학교 1학기 내신 성적이 좋지 않았습니다. 이 둘은 성격도 다르고 수학을 대하는 태도도 달랐습니다. 학생, 학부모와 상의한 끝에 민지는 '공통수학1 복습 후 공통수학2를 학습'하기로 했고, 태현은 '공통수학2 진도를 나가면서 이와 연계해 공통수학1을 복습'하기로 했습니다.

민지는 공통수학1의 기본기를 다지기 위해 문제집을 풀고, 반복적으로 개념을 확인하는 데 많은 시간을 투자했습니다. 하지만 민지는 시간이 지날수록 점점 지쳐 보였습니다. "선생님, 이걸 또 풀어야 하나요?"라고 묻는 민지의 표정에 흥미를 잃은 기색이 역력했습니다. 공통수학1의 기본기를 다지는 것은 중요했지만, 같은 내용을 반복하다 보니 흥미가 떨어졌고, 수학에 대한 의욕도 점점 줄어들었습니다. 결국 민지는 수학에 대한 자신감을 회복하지 못한 채 다음 단계로 넘어갔습니다.

태현은 공통수학2 과정을 먼저 시작하는 방법을 택했습니다. "새로운 걸 배우는 게 더 재미있을 것 같아요!"라고 자신감을 보인 태현은 공통수학2의 개념을 배우면서 중간중간 부족했던 공통수학1의 개념을 복습했습니다. 예를 들어, 공통수학2에서 이차방정식을 배우다가 공통수학1의 일차방정식 개념이 부족하다는 걸 발견하면, 그때 바로 복습을 진행했습니다.

이 과정에서 태현은 틀린 문제를 해결하며 자신의 약점을 스스로 깨닫고 보완할 수 있었습니다. "아, 이래서 이렇게 되는 거군요!"라며 문제를 풀 때마다 작은 성취감을 얻은 태현은 점점 더 적극적으로 수학 공부에 임했습니다. 민지와 달리, 태현은 새로운 개념을 배우는 재미와 자신감을 동시에 얻으면서 학습 속도가 빨라졌습니다.

결국 두 학생의 결과는 뚜렷이 달라졌습니다. 민지는 공통수학1의 복습에 많은 시간을 쓰면서도 큰 성취를 느끼지 못했고, 공통수학2로 넘어가는 시점에 자신감을 갖지 못했습니다. 반면, 태현은 공통수학2 공부를 통해 새로운 동기를 얻고, 복습과 선행을 병행하며 수학 실력을 꾸준히 향상시켰습니다.

이 두 사례를 통해 저는, 공통수학2를 먼저 공부하며 부족한 공통수학1의 개념을 보완하는 방식이 학생들에게 동기부여와 학습 효과를 동시에 제공할 수 있다는 점을 다시 한 번 깨닫게 되었습니다.

강사로서 오랜 경험상 첫 번째 방법으로 했을 때 적극적인 공부가 되지 않아 결과적으로 겉도는 방식이 되었습니다. 이런 학생들의 모습을 보며 저는 두 번째 방법을 권합니다.

두 번째 방법에는 3가지 이점이 있습니다.

첫째, 적극적인 학습 태도입니다. 학생들이 즉각적인 학습 동기를 느끼고, 문제를 해결하며 자신감을 얻기 때문에 더 능동적으로 공부합니다.

둘째, 학습의 연계성입니다. 공통수학2를 공부하면서 공통수학1 개념을 다시 복습하거나, 부족한 부분을 채우는 방식이므로 학습이 자연스럽게 이어집니다.

셋째, 오답을 통한 학습입니다. 틀린 문제를 복습하며 오답을 통해 배우는 방법이 학생들에게 훨씬 효과적이고, 그 경험이 오래 기억에 남게 됩니다.

✚ 올바른 후행 학습법

정상적인 학교생활을 한 학생은 후행하지 말고 선행 위주로 나갑니다. 그렇다고 배운 내용을 다시 복습하지 말라는 말이 절대 아닙니다.

후행 학습의 핵심은 오답 풀이입니다. 학생이 문제를 풀고 틀린 경우, 그 문제를 다시 풀어 보며 어떤 개념이나 풀이 과정이 부족했는지를 스스로 인식하게 됩니다. 이때 문제를 틀린 이유를 분석하면, 이전에 배운 개념에 대한 부족함을 발견할 수 있습니다.

학생이 틀린 문제 오답을 확인하면서 개념 정리를 한다면 구멍 난 부분이 조금씩 메꿔집니다. 시간이 지나 메꿔진 부분이 또다시 구멍 날 수 있는데, 꾸준히 선행 학습을 하다 보면 이제는 그 빈틈이 촘촘히 메꿔지는 것을 볼 수 있습니다.

한 과정을 한 번 배웠다고 해서 완벽하게 알 수는 없습니다. 뇌 과학적으로 우리의 기억은 시간이 지나면 점차 사라집니다. 단기 기억을 장기 기억으로 전환하는 과정이 필요하며, 이 과정에서 반복 학습은 중요한 역할을 합니다. 반복을 통해 정보를 자주 되새기면, 그 정보는 더욱 강하게 뇌에 새겨져 장기기억으로 저장될 수 있습니다.

선행이라고 하면 무조건 앞서서 진도를 빼는 것으로만 오해하는 경우가 있는데, 수학 공부는 절대 한 방향으로만 진행할 수 없습니다. 선행 학습에는 항상 후행 학습도 포함되어 있습니다. 성공적인 후행 공부는 선행의 오답 풀이 과정에서 나옵니다.

✚ 후행이 필요한 경우

그럼에도 불구하고 선행보다 후행 학습이 필요한 경우도 있습니다. 보통 2가지로 나눠집니다.

첫째, 제대로 수학 공부를 해 본 적 없는 학생입니다. 수학을 아예 시작하지 않은 학생에게는 후행 학습이 필요한데, 이때는 너무 방대하거나 어려운 과정부터 시작하지 않고 기본부터 차근차근 진행합니다.

이 과정에서 학생의 자존감을 지키고 자신감을 키우는 것이 중요합니다. 과도한 양에 짓눌리지 않도록 학생 스스로 작은 목표를 설정하게 하여 성취감을 느끼게 합니다.

둘째, 한국 교육 과정에 적응해야 하는 외국에서 온 학생입니다. 외국에서 온 학생이나 한국 교육을 전혀 접하지 않은 학생은 한국식 수학 공부 방식에 익숙하지 않을 수 있습니다. 이때는 후행 학습이 필요합니다.

특히 한국 수학의 풀이 방식이나 문제 해결 전략이 다른 나라와 다를 수 있기 때문에, 그 학생들이 한국식 수학을 제대로 이해하고 응용할 수 있도록 기본 개념을 다시 배우는 것이 필요합니다.

이처럼 후행 학습은 예외적인 상황에서만 하는 것을 권합니다. 공부는 효율이 중요합니다. 선행을 하면서도 이전 개념에 대한 복습이 자연스럽게 이루어지기 때문에 굳이 후행 학습을 따로 하지 않아도 됩니다.

셋째, 공부에 대한 동기가 부여된다

선행 학습에 대한 우려 또한 충분히 이해가 갑니다. 많은 학부모가 선행 학습을 하면 아이가 수업에 흥미를 잃거나 수업

시간을 무의미하게 보내지 않을까 걱정을 합니다. 그러나 이 문제는 아이의 개별적인 성향과 학습 태도에 달려 있다는 점을 분명히 인식해야 합니다.

선행 학습의 가장 큰 장점은 학교에서 배우는 내용을 미리 알고 있기 때문에 수업에 더 잘 따라갈 수 있다는 점입니다. 학습이 느린 아이일수록 앞으로 배울 내용을 알고 있으면 수업을 더 쉽게 따라갈 수 있어서 수업에 대한 자신감과 흥미를 느낄 수 있습니다.

예를 들어, 학교 수업에서 처음 배우는 개념을 이미 알고 있으면, 수업을 들으면서 "아, 이거 전에 본 거랑 비슷하네!"라고 느끼며 수업에 적극적으로 참여할 가능성이 큽니다. 그렇게 되면, 수학이 더 흥미롭고 의미 있게 다가올 수 있습니다.

반면, 선행 학습을 너무 많이 하면 학교 수업이 지루하고 시시하게 느껴질 수 있습니다. 이로 인해 학생이 수업에 집중하지 않거나, 선생님이 질문을 채 끝내기도 전에 대답하려는 태도를 보일 수 있습니다.

하지만 이것은 선행 학습 자체의 문제라기보다는 아이의 태도 문제입니다. 학습 태도가 중요합니다. 자신이 이미 알고 있는 부분이 있더라도, 수업에서 새로운 부분을 배우려는 자세를 가질 수 있도록 이끌어 주면 좋습니다.

부모님께서는 자녀가 이미 알고 있는 부분에 안주하지 않고, 자신이 모르는 부분이나 조금 더 깊이 있는 부분을 배울 수 있다는 생각으로 수업에 임할 수 있도록 지도해 주세요.

예를 들어, 수업이 시시하게 느껴질 수 있지만, 그 부분이 자신에게 더 잘 이해되도록 다시 한번 선생님의 설명을 들으면서 복습하는 것이 중요하다는 사실을 알려 주세요. 이미 알고 있는 내용을 다시 듣는 것은 실력을 다지는 데 도움이 됩니다.

MATH
$\sqrt{x}$

3장

수학 정서를
키우는 법

수학을 공부해야 하는 이유

─────✏️─────

"수학을 왜 공부해야 하나요?"

"이런 수식이 살아가는 데 꼭 필요한가요?"

복잡한 공식과 까다로운 수식을 보면서 꼭 수학을 공부해야 하는지에 대해 의문을 품는 학생들이 많습니다. 공부할 때 그 이유를 알면 효과적입니다. 공부의 이유를 명확히 하면 내재적 동기가 강화되고 집중력을 높여 목표를 달성할 가능성이 커지기 때문입니다. 따라서 수학을 잘하고 싶다면 우선 수학 공부를 왜 해야 하는지를 알아야 합니다. 그 이유에 대해 부모가 먼저 생각해 보고 자녀와 함께 이야기를 나눠 보는 것도 좋습니다.

다음과 같이 몇 가지로 정리해 볼 수 있습니다.

1. 수학은 모든 학문의 기본

미국의 과학자 허버트 사이먼은 수학이 여러 학문 분야를 넘나들 수 있는 원동력이 되었다고 밝혔습니다. 이는 수학이 학문 간 소통의 도구라는 점을 잘 보여줍니다.

수학은 단순히 과학이나 공학에만 국한되지 않고, 경제학, 사회학, 심리학, 인지과학 등 다양한 분야에서 중요한 역할을 합니다. 그 이유는 세상의 문제를 구조적인 시각으로 바라보게 하고 이를 다양한 각도에서 분석하며 창의적으로 해결하는 능력을 기를 수 있도록 하기 때문입니다.[*]

수학이 다양한 분야의 연구에서 핵심 역할을 한다는 사실을 알게 되면, 수학을 배우는 것이 단순히 시험을 잘 보기 위한 공부가 아니라, 지적인 성장과 나의 세계를 확장하는 기회임을 깨닫게 됩니다.

2. 수학은 사고력을 기르는 학문

수학을 공부하는 가장 중요한 이유 중 하나는 사고력을 기르는 것입니다. 수학은 단순한 지식을 배우는 것이 아니라, 문제를 해결하는 방식, 즉 논리적 사고를 훈련하는 과정입니다.

---

[*] 박왕근, 『수학이 안 되는 머리는 없다』(양문, 2014), pp16~17

수학은 그 자체로 문제 해결을 위한 사고 체계를 배우는 학문이기 때문에, 수학을 잘하면 그 사고력을 다른 과목이나 사회생활을 할 때도 적용할 수 있습니다. 예를 들어, 수학적 사고는 언어 능력이나 사회적 상호작용, 논리적 의사결정 등 다양한 분야에 긍정적인 영향을 미칩니다.

3. 전반적인 학업 향상

수학적 사고는 수학 성적만 올리는 것이 아니라, 다른 모든 과목에도 긍정적인 영향을 미칩니다. 수학을 잘하면 문제를 분석하고 해결하는 능력이 향상되기 때문에 자연스럽게 다른 과목에서도 높은 성과를 이끌어 낼 수 있습니다. 수학 성적이 다른 과목 성적과 밀접한 상관관계가 있다는 연구가 여러 차례 이루어졌습니다. 이는 수학을 공부하는 과정에서 키운 논리적 사고와 문제 해결 능력이 다른 과목의 학습에 직접적인 도움이 되기 때문입니다.

4. 사회적 중요성

학교에서는 문과와 이과로 나뉘지만, 실제 사회에서는 이러한 구분이 존재하지 않습니다. 다양한 분야의 지식과 역량이 융합되어야만 복잡한 문제를 해결하고 새로운 가치를 창출할 수 있기 때문입니다. 실제로 입사 시험이나 직장에서 수학적 사고력이 필요할 때가 많습니다. 수학은 직장에서 부딪히는 온갖 문제를 해결하는 능력을 키우는 데도 유리합니다.

결국, 수학을 공부하는 과정은 세상을 분석하고 변화에 대응할 수 있는 능력을 키우는 학습입니다. 지금 당장은 이러한 점을 이해할 수 없더라도 자녀와 함께 이야기해 보면 수학을 좀 더 진지하게 접근하는 기회가 될 수 있습니다.

긍정적 수학 정서 심어 주기

성현이는 참 독특한 아이였습니다. 수학을 너무나 싫어해서 '수학'이라는 단어만 들어도 고개를 절레절레 흔들던 아이였습니다. 성현이의 목표는 수학 공부를 잘하는 게 아니라, 아예 수학에서 도망치는 것 같았습니다. 그런데 그런 성현이가 불과 두 달 만에 완전히 달라졌습니다. 어떻게 가능했냐고요? 특별한 방법도 아닌 칭찬 덕분입니다.

처음에는 솔직히 칭찬할 게 없었습니다. 숙제는 안 해 오고 교재는 늘 새 것처럼 빳빳했습니다. 문제 풀이는 손을 댄

흔적도 없었습니다. 그런데 하루는 숙제를 아주 조금 해 온 겁니다. 손끝으로 뭔가를 긁적인 것 같은 흔적이었지만, 저는 그걸 놓치지 않았습니다.

"성현아, 대단한데? 이 어려운 숙제를 하다니! 정말 열심히 했구나!" 하고 크게 칭찬했습니다.

처음에는 성현이도 어리둥절했습니다. "이게 대단한 건가요?" 하는 표정으로 고개를 갸우뚱했죠. 이런 일이 두어 번 더 반복되자 성현이의 표정이 점점 밝아지더니, 숙제 양이 차츰 늘어나는 겁니다. 제가 보기에 여전히 부족했지만, 성현이에게는 어마어마한 발전이었습니다. 저는 칭찬에 칭찬을 더했습니다.

"성현아, 정말 멋지다! 많이 노력하고 있구나!"

머리를 쓰다듬어 주고, 진심으로 응원해 주었습니다.

그렇게 성현이와 저의 관계가 조금씩 바뀌기 시작했습니다. 제가 학생의 노력을 인정해 주니, 성현이도 점점 제 말을 듣기 시작했습니다. 수학을 무작정 피하려던 마음이 누그러지면서 자신감이 조금씩 생기더니, "선생님, 이 문제는 이렇게 푸는 게 맞나요?"라며 스스로 물어보기도 했습니다.

칭찬만 한 것은 아닙니다. 성현이의 이야기를 많이 들어주었습니다. 학교에서 있었던 일, 친구들과의 관계, 사소한 고민까지, 그런 소소한 대화들이 학생과의 공감대를 만들어 준다는 걸 알기에 저도 각별히 관심을 보였습니다.

그 후로 성현이는 수학 공부에 차츰 재미를 붙여 나가면서 스스로 수학을 공부하기 시작했습니다. 숙제를 해 오고, 수업 시간에 적극적으로 참여했습니다. 수학 선생님인 저와 친밀해지는 것에서 시작해 수학이라는 과목에도 호기심을 보이더니 더 이상 수학을 무서워하지 않게 되었습니다.

이런 경험은 성현이에게만 해당하는 것은 아닙니다. 학생들에게 필요한 것은 좀 더 기다려주면서 아이의 작은 성장에도 관심을 보이는 것입니다. 조금이라도 잘한 것을 찾아주고, 마음을 열어 주는 것이 결국 변화를 이끌어 냅니다. 성현이의 변화는 아이들이 수학을 좋아하도록 이끄는 법에 대해 제게도 깨달음을 주었습니다.

많은 학생이 수학을 그저 추상적이고 어려운 과목으로만 인식합니다. 특히 수학 공부를 처음 시작했을 때의 경험이 부정적인 경우 수학에 대한 흥미는 순식간에 사라집니다. 이런 상황에서 부모는 단순히 가르치는 사람을 넘어, 멘토이자 동반자 역할을 해야 합니다. 다음 방법을 참고해 보세요.

1. 아이의 시선에서 바라보기

부모는 아이의 시선에서 세상을 바라보는 법을 배워야 합니다. 아이에게 수학은 새로운 언어와 같습니다. 부모가 너무 초조해하거나 강압적으로 접근하면, 아이는 수학을 '어려운 과제'로 받아들일 가능성이 큽니다. 따라서 부모는 아이가 수학을 어떻게 느끼고 생각하는지 공감하고 존중하는 자세로 다가가는 것이 중요합니다.

2. 학습 과정 지켜보기

아이와 함께 시간을 보내며 학습 과정을 지켜보는 것도 효과적입니다. 새로운 개념을 배우는 데 시간이 걸리는 것은 당연한 일입니다. 부모가 이를 조급하게 생각하지 않고 차분히 기다려 준다면, 아이는 실패를 두려워하지 않고 도전할 수 있는 용기를 얻습니다. 실수는 성장을 위한 기회임을 자연스럽게 느끼게 되는 것이죠.

3. 칭찬과 격려하기

아이에게 수학에 대한 긍정적인 감정을 심어 주는 것도 중요합니다. 부모의 작은 칭찬과 격려는 아이에게 큰 자신감을 불어넣어 줍니다. 정답을 알아맞혔다는 결과에만 집중하기보다, 문제를 풀기 위해 노력한 과정을 칭찬하는 태도가 필요합니다. 이렇게 하면 아이는 수학을 단순한 과제가 아닌, 자신의 성장을 돕는 과정으로 받아들이게 됩니다.

4. 대화로 관계 만들기

마지막으로, 아이와 대화를 통해 긍정적인 관계를 형성하려고 노력해야 합니다. 고등학교 진학이나 앞으로의 미래에 대해 이야기를 나누며 아이의 고민을 듣고, 함께 방향을 설정하는 과정은 단순히 학습 성과를 넘어 아이가 수학을 포함한 전반적인 학습 태도를 긍정적으로 바꾸는 데 도움을 줍니다.

부모가 인내심을 가지고 아이의 작은 성취를 따뜻하게 응원해 주는 말도 도움이 됩니다.

· 노력을 인정하는 말

"이렇게 집중해서 문제를 풀다니! 네 노력이 보여."

"어려워도 네가 포기하지 않고 해 보려고 하는 게 멋있다."

"네가 조금씩 배우는 모습이 자랑스러워!"

· 자신감을 키우는 말

"처음부터 잘하는 사람은 없어. 연습하다 보면 너도 분명히 잘할 거야."

"너는 배울 수 있는 힘이 정말 커! 매일 조금씩 배우는 게 중요해."

· 결과보다 과정을 칭찬하는 말

"맞고 틀리는 것보다 시도해 보는 게 중요한 거야."

"어떻게 이런 멋진 방법을 생각했어?"

"이걸 혼자 해 보려고 한 게 정말 용기 있는 일이었어."

· 학습이 삶과 연결되도록 돕는 말

"이걸 알면 게임에서 점수를 더 잘 계산할 수 있겠는데?"

"우리가 좋아하는 빵을 만들 때도 이렇게 수학이 필요해!"

"네가 좋아하는 공룡 이름들도 과학 덕분에 알게 된 거야. 이걸 더 알면 공룡 박사가 될 수도 있어!"

저 역시 아무런 준비 없이 자녀에게 이런 이야기를 건네는 일이 쉽지 않다는 것을 잘 알고 있습니다. 그래서 항상 마음에 새기려 합니다. 학생들이 수학을 좋아하고 잘하게 되는 데 가장 필요한 것은 성과에 대한 집착이 아니라, 진심 어린 관심과 따뜻한 격려라는 점을요.

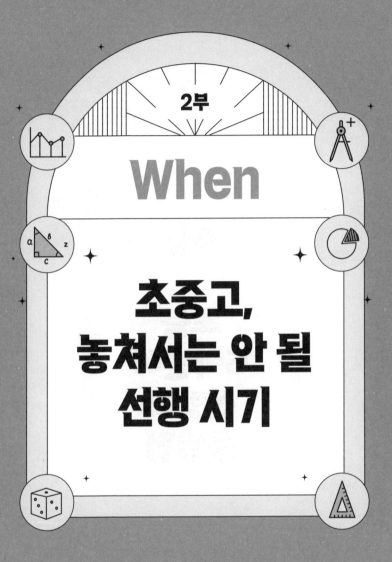

2부

When

초중고,
놓쳐서는 안 될
선행 시기

4장

초등
6학년이
선행의
출발점

초등학생, 선행을 꼭 해야 할까?

초등학생은 수학 선행 학습이 쉽지 않을 수 있습니다. 아직 학습 습관이 자리 잡히지 않았고, 중등 수학의 많은 개념을 받아들이기에는 지식과 이해도가 충분히 발달하지 않았기 때문입니다. 이때는 사고력 수학으로 시작하는 것이 좋습니다.

사고력 수학은 말 그대로 '사고를 열어 주는 수학'을 뜻합니다. 수학 문제의 정답을 찾는 데서 그치지 않고, 그 답을 도출하는 논리적 과정에 더 중점을 둡니다. 이를 통해 창의적 사고력과 문제 해결 능력을 키울 수 있습니다.

다만, 모든 학생이 사고력 수학에 흥미를 느끼는 것은 아니며 성취도도 제각각입니다. 자녀가 흥미를 느낀다면 적극적으로 이끌어 주되, 지루해하거나 어려워한다면 강요하지 않아도 괜찮습니다. 사고력 수학이 대입 수학 실력에 도움은 되지만 직접적으로 연결되지는 않으므로, 올바른 수학 공부 습관을 형성하는 데 중점을 두는 것이 더 중요합니다.

특히, 초5~6 학년 시기에는 아래 2가지 점을 유념해 둡니다.

첫째, 수학을 국어처럼 학습하는 습관을 들입니다. 수학 문제를 숫자 연산만이 아닌, 문장을 이해하는 과목으로 이해할 수 있도록 합니다. 이렇게 연습하면 중등, 고등 과정에서 수학 문제를 독해하지 못해 해결하지 못하는 경우를 줄일 수 있습니다.

이러한 습관을 기르는 방법의 하나로, 수학 용어를 이해한 후 이를 글이나 말로 설명하도록 연습시키면 좋습니다. 이때 화이트보드, 태블릿 또는 종이를 활용하여 아는 내용을 정리하고 말하게 해 보세요. 정확히 설명할 수 있을 때까지 반복 연습하게 합니다. 처음엔 서툴러도 기다려 주면 차차 잘하게 됩니다.

둘째, 수학적 원리에 대한 호기심을 키울 수 있게 지도해 주세요. 수학 문제를 단순히 어떻게 푸는지 방법을 가르치는 데 그치지 않고, 왜 이런 결과가 나오는지 아이가 궁금해하고 질문할 수 있도록 이끌어 주세요. 초5~6 학년 수학은 실생활과 밀접한 내용이 많으므로, 실생활과 연관시켜 생각해 볼 수 있는 연습을 하는 것도 도움됩니다.

예를 들어 아래와 같은 질문을 해 볼 수 있습니다.

- "친구 집까지 걸어서 30분 걸려요. 친구 집에 갔다가 다시 집으로 돌아오면 총 몇 분이 걸릴까요?"(시간 계산하기)
- "초콜릿 12개를 4명에게 똑같이 나누어 주려고 해요. 한 명이 몇 개씩 받을 수 있을까요?"(나눗셈과 몫)
- "자전거를 타고 시속 10km로 2시간 동안 달렸어요. 몇 km를 달린 걸까요?"(거리 계산하기)
- "매일 저금통에 500원을 넣으면 1주일 동안 얼마나 저축할 수 있을까요?"(저금하기)
- "가로가 5m, 세로가 3m인 마당이 있어요. 마당의 넓이는 몇 제곱미터인가요?"(면적 구하기)
- "길에서 나무를 봤더니 그림자의 길이가 3m였어요. 나무의 키는 그림자보다 2배 더 높아요. 나무의 키는 몇 m일까요?"(높이 추측하기)

초등 학습의 핵심은 올바른 습관 형성

초6 학부모님을 만나면 가장 많이 나오는 질문이 다음과 같습니다.

"친구들은 벌써 중학교 진도를 나가고 있는데, 우리 아이는 하나도 안 했어요. 어떡하죠?"

"우리 아이는 수학을 너무 싫어하는데, 어떻게 해야 할까요?"

"수학 연산이 약한데, 어떻게 보완할 수 있을까요?"

"수학에 대한 감이 없는데, 잘하려면 어떻게 해야 하나요?"

초6 어머님들이 제일 진지합니다. 중학교 입학이 아닌, 대학 입시를 눈앞에 둔 자녀의 부모님과 같은 눈빛입니다. 특히 "친구들이 고등 과정을 선행하고 있는데 우리 아이는 괜찮을까요?"라는 질문을 매우 흔하게 받습니다.

중학교 입학을 앞두고 고등 과정까지 선행했다는 학생들을 종종 만납니다. 학생의 눈빛은 자신감이 없어 보이지만, 어머님은 자신감을 내비치는 경우가 많습니다. 그러나 고등 수학 문제를 잘 푸는 초등학생은 드물기 마련입니다. 가끔 예외적인 경우가 있지만, 대부분의 학생들은 고등 수학을 해결하는 데 어려움을 겪습니다.

초등 시기에는 아직 학생이 자기 스스로 진도를 정하고 문제집을 선택하기엔 이르기 때문에 부모가 학습을 이끌어 줄 때가 많습니다. 선행을 할 건지, 한다면 교재는 무엇으로 할 건지, 어디서 공부할 건지 등을 다 정해 줍니다.

그러다 보니 자녀의 실제 수학 성적과 상관없이 부모의 욕심이 커지는 경우를 종종 봅니다. 자녀의 잠재력을 미리 발견하고 기회를 열어 주는 차원에서 출발했지만 자연스레 다른 아이와 비교가 따라옵니다. 선행을 많이 한 옆집 아이를 부러워하며 아이의 감정이나 수학 성취도와 상관없이 무리하게 진도를 나가는 데 집착하기도 합니다.

초등학교 시기에는 속도보다는 방향입니다. 지나친 선행보다는 다음 3가지에 중점을 두는 것이 중요합니다.

1. 올바른 공부 습관 익히기

중등 과정은 초등 과정보다 난이도가 높아지고, 문제 풀이 과정에서 식 쓰기가 중요해집니다. 단순히 답만 구하던 초등 수학과 달리, 중등 수학에서는 논리적 과정이 필수입니다. 이러한 식 쓰기 연습과 자기 점검(백지 테스트) 습관을 익혀야 합니다. 이때, 5단계 공부법(개념 알기-공식 암기-백지 테스트-문제 풀이-오답 확인) 과정을 따라 합니다.

2. 적절한 선행 학습

초6 시기의 선행 학습은 중등 과정 한 학기 또는 두 학기 정도를 배우는 것으로 충분합니다. 선행보다는 아이가 개념을 확실히 이해하고 이를 문제 풀이에 적용할 수 있도록 돕는 데 신경 씁니다.

다음은 초6 학생의 진도 계획표입니다. 이 정도만 해도 충분합니다.

1학기	여름방학	2학기	겨울방학
6-1	6-2	6-2	중등 1-1
6-1	6-2	6-2 + 중등 1-1	중등 1-2

3. 아이의 흥미와 성취도 고려하기

부모의 욕심으로 아이에게 무리하게 선행을 강요하면 오히려 부작용이 생길 수 있습니다. 자녀의 학습 성취도를 객관적으로 평가하며, 흥미를 유지하는 방향으로 지도하세요.

초6, 중등 수학의 단계적 접근

이런 초등학생 시기에도 선행을 놓치면 안 되는 때가 있습니다. 초등 6학년은 중학교 입학을 앞둔 중요한 시기입니다. 학습의 기초가 마련되었다면 초6부터 조심스럽게 선행을 시작해야 합니다. 수학에 흥미를 못 느끼는 학생은 천천히 선행으로 이끌어 주시되 중학교 입학 전에 최소한 한 학기 과정을 선행해 놓아야 합니다.

다음은 중학교 수학의 학년별 큰 특징입니다. 다음을 고려해 공부 계획을 짤 수 있습니다.

✚ 선행 학습 계획

1. 중등 1-1, 중등 1-2 과정을 미리 준비하기

- 중등 1-1, 중등 1-2 과정은 선행이 비교적 수월한 편입니다. 이 단계에서 수의 연산과 도형의 기본 개념과 심화 문제를 경험하면 중학교 진학 후 수업을 따라가기가 훨씬 수월해집니다.

  → 그래도 학생이 수학을 어려워한다면 이 과정에서 바른 공

부 습관을 형성하면서 천천히 개념을 학습하는 시간이 되게 합니다.

2. 갑자기 어려워지는 중2 과정

- 중등 2-1: 연산과 식 계산이 많이 등장해 갑자기 난이도가 높아집니다.
- 중등 2-2: 중학교 기하의 핵심 개념이 집중적으로 포함되어 있어 내용이 방대합니다.

중등 수학 교육 과정

영역	학기	중1	중2	중3
수와 연산	1 학기	소인수분해	유리수와 순환소수	제곱근과 실수
		정수와 유리수	식의 계산	다항식의 곱셈과 인수분해
변화와 관계		문자의 사용과 식의 계산	일차부등식	이차방정식
		일차방정식	연립일차방정식	이차함수와 그래프
		좌표평면과 그래프	일차함수와 그래프	
			일차함수와 일차방정식의 관계	
도형과 측정	2 학기	기본 도형	삼각형과 사각형의 성질	삼각비
		작도와 합동	도형의 닮음	원의 성질
		평면도형의 성질	피타고라스 정리	산포도
		입체도형의 성질	경우의 수와 확률	
자료와 가능성		대푯값		
		도수분포표와 상대도수		

→ 이 때문에 중1 과정을 충실히 학습하는 것이 중요하며, 이를 바탕으로 중2 진도를 준비할 수 있습니다.

3. 중3 과정과 고등 과정의 연계

• 중등 3-1 심화와 고등 공통수학1은 밀접하게 연결됩니다. 반면, 중등 3-2 과정은 독립적으로 다뤄도 무방하며, 심화 과정까지 공부하지 않아도 괜찮습니다. 중등 3-2는 겨울 방학 특강으로 개념만 정리하는 것이 효과적입니다.

겨울방학에 중등 1-1, 중등 1-2 과정을 모두 끝내는 것을 목표로 하더라도, 따라가기 힘든 학생도 많습니다. 초등 수학에서는 간단히 답을 구하던 방식에서 중등 수학은 풀이 과정이 길어지고 연산 속도가 중요해집니다. 연산이 느리거나 풀이식 작성에 익숙하지 않은 학생들은 속도가 나지 않을 수 있습니다.

하지만 선행 학습의 목적은 완벽한 이해가 아니라, 새로운 내용을 미리 접하고 익숙해지는 데 있습니다. 이 과정을 통해 중학교 진학 후 수학적 능력이 발달했을 때 더 빠르고 수월하게 학습할 수 있습니다.

여기서 놓치지 말아야 할 점이 있습니다. 중등 수학은 중학생 학습 환경에서 전문가의 지도를 받는 것이 좋습니다. 경험이 풍부한 선생님은 중요 포인트를 짚어 주며 효과적으로 학습을 도와줍니다. 고등 수학도 마찬가지로, 고등학생들이 주로 다니는 학원에서 배우는 것이 유리합니다. 수준에 맞는 환경에서 공부하면 동기와 집중력이 높아집니다.

초등학생 시기에는 무리한 속도보다는 학생의 흥미와 학습 능력을 고려해 차근차근 진행하세요. 선행의 목적은 개념에 익숙해지고 중등 수학 공부 습관을 형성하는 데 있다는 것을 잊지 마세요.

5단계 수학 공부

1단계 개념 알기

수학에서 개념이란 정의와 공식을 뜻합니다. 수학은 이 개념에 따라 수식으로 문제를 풀어내는 학문입니다. 흔히들 수학은 사고력으로 푸는 학문이라고 말하지만, 기반이 있어야 사고할 수 있고 문제도 풀 수 있습니다. 개념 학습은 수학의 기초를 만드는 과정입니다.

2단계 공식 암기

개념을 이해했다면 정의와 공식을 암기해야 합니다. 수학 문제를 성급하게 풀려고 하기 전에 개념을 먼저 알고 외워야 합니다. 외우지 않으면 문제를 풀 때 그 개념들이 쉽게 떠오르지 않아 문제 풀이가 어렵습니다.

3단계 백지 테스트

백지 테스트는 수학의 정의, 성질, 공식을 말 그대로 백지에 써 내려가는 것을 말합니다. 문제 풀이를 하기 전 백지 테스트를 해 보면 지금까지의 학습 상태를 한 번에 파악하고 보완해야 하는 부분을 빠르게 알 수 있습니다. 부족한 개념과 공식을 알려 주는 지름길이 바로 백지 테스트입니다.

4단계 문제 풀이

수학은 문제를 많이 풀면 성적 향상에 도움이 됩니다. 이때, 한 권의 문제집을 정해 틀린 문제가 나오지 않을 때까지 반복해서 풀어 완전히 이해해야 합니다. 이런 방식으로 문제집 한 권을 끝내면 수학에 대한 자신감으로 이어집니다. 수학에 자신감이 생겼다는 것은 정말로 대단한 일입니다. 수학이 재미있어진다는 뜻입니다.

5단계 오답 체크

오답이야말로 다시 공부해야 할 곳을 드러내 주는 가장 중요한 지표입니다. 문제를 풀었는데 틀렸다면 반드시 오답 체크를 통해 더는 오답이 나오지 않을 때까지 반복 학습해야 합니다. 이때 자신에게 맞는 오답 정리법을 만들어 활용합니다.

5장

중3 겨울방학이 대학을 결정한다

중3 겨울방학은 고등 수학의 출발점

중3은 단순히 학년의 마무리가 아니라, 대입을 위한 수학 준비를 본격적으로 시작해야 하는 전환점입니다. 특히 중3 겨울방학은 고등 수학의 기초를 완성하고 대입 준비의 첫걸음을 내딛는 시기입니다.

그러나 이 시기에 상담을 하면 낮은 내신 성적과 고등학교 준비가 전혀 되어 있지 않아 고민하는 부모님과 학생들을 마주할 때가 많습니다. 특히 다음과 같은 상황을 접할 때면 안타깝습니다.

"어머님, 민 주는 어디까지 공부했고 학교 내신 성적은 어떻습니까?"

"민주가 수학 선행을 전혀 안 했어요."

"왜 그렇죠?"

"수학을 너무 못해서 자기 학년의 학교 내신 공부에 집중했습니다."

"그러면 학교 내신 성적은 잘 나왔나요?"

"내신 성적도 잘 나오지 않았어요. 고등학교 진학을 앞두고 공통수학1조차 배우지 못했는데 너무 늦었을까요?"

여기에 짚고 넘어가야 할 내용 2가지가 있습니다.

첫째는 학생이 여전히 수학을 어려워하며 내신 성적조차 잘 나오지 않았다는 점입니다. 이는 기본 개념에 대한 이해가 부족하고 문제 풀이 실력이 미흡해서일 수 있습니다.

둘째는 학생이 수학을 못한다고 해서 학교 내신만 시키고 선행은 하나도 안 시킨 점입니다. 이로 인해 겨울방학 동안 서둘러 공통수학1, 공통수학2를 모두 학습해야 하므로 민주의 학습 스트레스가 커질 수 있습니다.

민주가 고1 내신 시험을 잘 볼 수 있을까요? 학습량에 비해 공부할 시간이 부족해서 어려울 수 있습니다. 수학을 어려워하던 학생도 미리 선행 학습을 했다면 공통수학1, 2의 개념을 접해 고1 내신과 선행을 병행할 여유가 생깁니다.

저는 민주처럼 수학을 어려워하고 성취도가 높지 않을수록 선행 학습이 필수라고 생각합니다. '수학을 어려워하거나 싫어하는 학생에게 선행을 시키지 않는다'는 선택은 오히려 악순환을 만들 수 있습니다. 미리 준비하여 익숙해지는 과정이 수학에 대한 자신감과 흥미를 키우고, 결국 성적 향상으로 이어질 수 있다는 점을 놓치고 있습니다.

대학 입시 수학 공부는 고등학교에 가서 하는 것이 아니라 중3 때 미리 해 놓아야 합니다. 고등학교는 단순히 '3년의 시간'이 아니라, 2년 안에 수능 대비를 끝내야 하는 구조입니다. 고3 시기에는 수능 문제 풀이뿐만 아니라 다른 과목 보완, 수시 준비 등으로 학습 시간이 분산됩니다. 따라서 고2 겨울방학까지 수능형 문제 풀이를 마치고 고3 때는 여유 있게 최종 점검을 할 수 있어야 합니다.

그렇기에 중3 겨울방학 때 공통수학1, 2의 개념을 확실히 학습해야 고1 수업에서 뒤처지지 않고 내신 대비도 수월하게 할 수 있습니다. 제일 좋은 방법은 본인이 가려는 고등학교 내신 기출 시험지를 구해서 한 번 풀어 보는 것입니다. 이 시기에 저는 강남권의 제일 어려운 학교 기출문제를 풀어 보게 합니다. 이로 인해 학생은 방학 기간에 자칫 해이해지기 쉬운 마음을 다잡을 수 있습니다. 이런 경험은 목표가 확실한 학생이 더 열심히 공부하는 계기가 되기도 합니다.

　선행 학습을 놓치면, 고등학교 1학년 내신과 이후 대입 준비까지 영향을 미칩니다. 극단적으로 말하면, 중3 때 선행을 놓치면 대입 시기를 놓치는 것과 같습니다. 수학은 준비한 만큼 결과가 나옵니다.

고등 수학 교육 과정(2028년도 수능부터/2025년도 고1부터 적용)

고1		고2,3				
공통과목		일반선택과목			진로선택과목	
공통수학1	공통수학2	대수	미적분Ⅰ	확통	미적분Ⅱ	기하
다항식	도형의 방정식	지수함수와 로그함수	함수의 극한과 연속	경우의 수	수열의 극한과 급수	이차곡선
방정식과 부등식	집합과 명제	삼각함수	미분	확률	미분법	공간도형과 공간좌표
경우의 수	함수의 그래프	수열	적분	통계	적분법	벡터
행렬						

겨울방학 선행 계획표

━━━━

　만약 중학교 2학년까지 선행 학습을 하지 못했다 해도 그 이후 다음과 같이 선행을 실천하면 됩니다.

	1학기	여름방학	2학기	겨울방학
과정	공통수학1 +중등3-1 내신	공통수학 1 심화	공통수학2 + 대수	미적분1 + 확통 + 고1 내신
내용	고등 수학을 처음으로 진도 나가면서 내신도 함께 준비함.	여름방학에는 공통수학1 심화 공부하면서 여유가 있다면 중등 3-2 공부.	2학기는 시간 여유가 있어서 두 과정 나갈 수 있어서 개념 과정이라도 진도 나감.	겨울방학 2개월 동안 두 과정 진도를 나가면서 고1 내신을 준비함.

개념을 한 번도 공부하지 않은 학생과 한 번이라도 공부한 학생 사이에는 큰 차이가 있습니다. 일반적으로는 개념을 학습한 후 심화 과정을 진행하는 순서가 바람직하지만, 시간이 부족한 경우에는 꼼꼼하게 개념 공부만이라도 확실히 하는 것이 중요합니다.

아래 표대로 공부한 중학교 3학년 학생은 개념을 공부한 다음 심화로 들어갔습니다. 그런데 이 학생은 수능 과목 개념 공부를 전혀 하지 못한 채 고등학교에 입학했습니다. 고1은 그럭저럭 잘 보냈습니다. 그런데 고2 때부터 수학 성적이 밀리기 시작합니다. 고1 겨울방학에 처음으로 대수를 공부하는데, 개념부터 이해하기 어렵습니다.

개념을 미리 배운 학생들은 고1 겨울방학 때 수능 대비 문제 풀이를 시작하는데, 이 학생은 개념부터 시작해야 합니다.

개념 공부를 하면서 동시에 수능 문제 풀이를 할 수는 없습니다. 이 시점부터 수학에서 점점 뒤처지게 됩니다. 개념이라도 미리 고등학교 가기 전에 해 놓아야 한다고 강조하는 이유입니다.

	1학기	여름방학	2학기	겨울방학
과정	공통수학1 + 내신	공통수학1 심화	공통수학2 + 내신	공통수학2 심화 + 고1 내신

또 다른 학생의 예입니다. 아래 표대로 공부한 이 학생은 개념 공부를 모두 마친 후 복습을 진행합니다. 공통수학1과 공통수학2는 내신 과목이므로 내신 대비에 중점을 두고, 대수와 미적분1, 확률과 통계는 수능 과목이므로 수능 대비를 중심으로 공부하면 됩니다.

	1학기	여름방학	2학기	겨울방학
과정	미적분1	미적분1 심화	확통 + 고1 내신 + 수능 문제 풀이	고1 내신+선택

또 다른 학생의 예를 살펴보겠습니다. 이 학생은 여유 있게 고등 과정의 개념 선행을 다 마친 후 겨울방학 때 고1 내신 대비 공부를 했습니다.

	1학기	여름방학	2학기	겨울방학
과정	대수	대수 심화	미적분1 + 미적분 심화	확통 + 고1 내신

선행 학습을 제대로 시작한 학생은 내신을 준비하면서 수능을 대비하는 여유를 가질 수 있습니다. 대학은 내신 성적과 수능 성적으로 간다는 사실을 염두에 둬야 합니다.

중학교 3학년 선행을 놓치면 대학 입시를 놓치는 것과 같습니다. 철저한 계획을 세워 차근차근 고등 과정을 준비해야 하는 시기입니다.

중등 과정에서 반드시 공부해야 할 단원 3

중등 수학에서 다루는 모든 단원이 중요하지만, 고등 수학을 시작할 때 특히 중요한 몇몇 단원이 있습니다. 이 단원들을 심화 학습하고 철저하게 공부해 두면, 고등 수학에서 겪을 수 있는 어려움을 줄일 수 있습니다. 아래는 중등 수학에서 반드시 공부해야 할 핵심 단원입니다.

1. 인수분해 단원

- 공통수학1의 시작부터 인수분해 단원이 등장합니다. 인수분해는 모든 연산식의 종합판입니다. 이 단원은 수학에서 식 정리의 기본을 다지기 때문에 고등 수학을 배우는 데 중요한 기초를 제공합니다.

- 중등 수학에서 인수분해를 심화까지 공부해 두면, 공통수학1을 무리 없이 학습할 수 있습니다. 하지만 인수분해를 소홀히 하면, 공통수학1에서 처음부터 어려움을 겪을 수 있습니다.

- 『쎈수학』 C단계 문제까지 풀어 보는 것이 좋습니다. 이 문제들은 고등 수학에서 다루는 내용과 유사하여, 중등에서 심화 학습을 해 두면 고등 수학 진입이 매끄럽습니다.

- 문제를 풀었을 때 50% 이상만 맞혀도 괜찮습니다. 중요한 점은 인수분해를 단단히 다져 놓아야 공통수학1에서 다른 문제들을 풀 때 막힘 없이 진행될 수 있다는 것입니다.

2. 함수 단원

- 중2, 중3에서 다루는 함수 단원은 고등 수학의 핵심입니다. 그러나 중등에서는 함수 단원이 뒤쪽에 위치하는 만큼 학생들이 함수 공부를 소홀히 할 때가 많습니다.

- 고등 수학에서 함수는 기본이며, 공통수학1과 2에서 다루는 대부분의 문제들이 함수 개념을 바탕으로 풀이됩니다.

- 좌표축과 그래프에 대한 이해가 부족하면 공통수학2에서 배우는 도형의 방정식 단원에서 막힐 수 있습니다. 이 단원은 좌표에서 풀이되기 때문에 함수 개념이 확실하지 않으면 풀기 어렵습니다.

- 함수의 그래프 그리기와 평행이동, 대칭이동 같은 개념을 확실히 익혀 두어야 합니다. 특히 이차함수의 그래프를 정확하게 그릴 수 있어야 합니다.

- 함수 개념을 제대로 익히지 않으면 고등 수학의 모든 문제 풀이에서 어려움을 겪을 수 있습니다. 대수와 미적분1도 함수를 기반으로 진행되므로, 함수 개념을 철저히 학습해야 합니다.

3. 경우의 수와 확률 단원

- 경우의 수와 확률은 공통수학1에서 중요한 단원이며, 특히 수능 필수 과목이기도 합니다. 중등 과정에서 이 단원을 심화 학습해 두면 공통수학1에서 다루는 내용이 훨씬 수월해집니다.

- 순열, 조합과 관련된 문제는 공통수학1에서 다루는데, 중등에서 미리 배우면 공통수학1이 훨씬 쉬워집니다.

- 중등에서 확률과 경우의 수에 관한 기초 개념을 확실히 이해하고, 확률 문제의 유형을 익혀 두면 고등 수학에서 다루는 확률 문제도 쉽게 풀 수 있습니다.
- 경우의 수 문제는 보통 공식을 외워서 풀지만, 어려운 문제는 반복적 계산이 필요한 일명 '노가다 문제'이기 때문에 중등에서 충분히 연습해 두면 고등 수학에서 자신감을 가질 수 있습니다.

중등 수학에서 다루는 인수분해, 함수, 경우의 수와 확률 단원은 고등 수학을 학습하는 데 매우 중요합니다. 고등 수학에서 어려움을 겪지 않으려면, 중등 수학에서 이 단원들을 철저히 공부하고 심화까지 연습해 두어야 합니다.

중등부터 시작하는
수능 수학 1등급 전략

중학교 때 수능 수학 1등급을 목표로 한다면 어떻게 공부해야 할까요? 다음의 학습 전략과 계획을 활용할 수 있습니다.

1. 학습 목표와 방향 설정

- 내신 대비: 공통수학1, 공통수학2의 개념 학습과 심화 학습을 탄탄히 다져 고1 내신에서 좋은 성적을 받을 수 있게 준비합니다.
- 수능 대비: 대수, 미적분1, 확통을 선행 학습하여 수능 유형을 익히고, 고난도 문제를 해결할 수 있는 기초를 만듭니다.

2. 학습 과정

(1) 공통수학1, 공통수학2 학습

- 1단계: 개념 학습

  목표: 개념 이해 및 기본 유형 풀이. 문제를 풀면서 사용하는 개념을 명확히 익힙니다.

  교재:『기본정석』,『RPM』,『쎈수학』

- 2단계: 심화 학습

  목표: 고난도 문제를 해결하며 깊이있게 이해합니다. 오답 정리를 통해 약점을 보완합니다.

  교재:『실력정석』,『블랙라벨』

(2) 수능 과목(대수, 미적분1, 확통) 학습

- 1단계: 기본 학습

  목표: 대수와 미적분1의 핵심 개념을 익히고, 쉬운 문제를 통해 개념을 적용하는 연습을 합니다.

  교재:『기본정석』,『RPM』,『쎈수학』

- 2단계: 기출문제 학습

  목표: 기출문제 유형을 익히고 출제 의도를 파악하며 단계적으로 난이도를 높입니다.

풀이 단계: 쉬운 2점 문제부터 시작하여 난이도 하, 난이도 중의 3점 문제 순서로 풀어 나갑니다. 4점 문제(준킬러·킬러)는 선택적으로 도전합니다.

교재: 『자이스토리』, 『마더텅』, 『마플』

3. 학습 팁

(1) 내신과 수능 학습의 차이 이해

- 내신: 학교 시험에 최적화된 문제집(『쎈수학』, 『RPM』, 『고쟁이』 등)을 활용하면서 개념과 유형을 충실하게 학습해야 합니다.
- 수능: 기출문제 풀이가 핵심이므로 수능 기출문제집을 활용해 유형별로 공부해야 합니다.

(2) 오답 정리

단순히 틀린 문제를 다시 푸는 것이 아니라, 문제에 사용된 개념과 풀이 과정을 완전히 이해하는 데 초점을 둡니다.

(3) 기출문제 활용법

- 난이도별 풀이: 2점 → 쉬운 3점 → 중난이도 3점 → 4점 순으로 접근합니다.

- 유형별 학습: 문제 유형을 분류해 반복 학습하며, 출제 의도를 파악합니다.
- 오답과 개념 연계: 기출문제 오답은 해당 개념을 복습하는 기회로 활용합니다.

(4) 꾸준한 복습

- 공통수학1, 2를 학습한 후에도 복습을 통해 개념을 강화하고, 새로운 내용과 연결합니다.
- 대수와 미적분1을 학습한 뒤 공통수학1과 2를 다시 풀어 보면 훨씬 더 쉽게 이해할 수 있습니다.

4. 추천 문제집

개념 학습

『개념원리』,『기본정석』

심화 학습

『실력정석』,『쎈수학』,『블랙라벨』,『고쟁이』

기출문제 풀이

『자이스토리』,『마더텅』,『마플 수능 기출 총정리』,『EBS 수능 기출의 미래』,『너기출』

5. 최종 전략

(1) 목표 지향적 학습

공통수학1, 2를 마친 후 대수, 미적분1로 빠르게 진도를 나갑니다. 각 과정당 2회 학습 후, 기출문제로 심화 학습을 합니다. 기출문제는 될 수 있으면 빨리 풀어 보는 것이 좋습니다. 고난도 문제는 나중에 풀더라도 쉬운 기출문제는 익숙해질 때까지 반복해서 학습합니다.

(2) 다양한 문제 경험

한 문제집에 오래 매달리지 말고, 다양한 교재와 문제를 접하며 실력을 쌓습니다. 수능 수학 1등급은 목표를 명확히 하고 체계적으로 학습할 때 성취할 수 있습니다. 꾸준히 계획을 점검하며 실행해야 합니다.

6장

고등학생의
마지막
선행 시기

고등 수학의 현실

고등학교 수학은 중학교 수학과 차원이 다르게 다루는 개념이나 내용이 방대하고 고난도입니다. 고등학생에게 선행은 큰 의미가 없습니다. 학기중에는 내신 대비가 최우선이므로, 선행 학습에 할애할 시간이 거의 없기 때문입니다. 시험 기간을 피해 선행 학습을 한다고 해도 방학 중 1~2주 집중 학습으로 처리할 수 있는 분량에 불과하므로 내신에 더 집중하는 것이 효율적입니다.

다음은 고등학교 수학의 특징 3가지입니다.

1. 고등 수학의 난이도

고등 과정은 개념이 더 어렵고, 학습해야 할 양이 많아집니다. 개념 자체도 복잡하지만, 개념에 따른 문제 유형이 더 다양해지면서 이를 소화하지 못하면 시험에서 어려움을 겪을 수 있습니다.

- 내신 유형: 학교마다 조금씩 다른 출제 방식
- 수능 유형: 논리적 사고와 응용 능력 요구

2. 입시 준비의 부담

고등학생은 수학에 많은 시간을 쏟을 수 있는 상황이 아닙니다.

- 대학 입시: 수시 전략 설계, 입시 정보 파악 등 추가적인 시간과 노력이 필요합니다.
- 과목별 균형: 다른 과목에서도 우수한 성적을 유지해야 합니다. 따라서 선행 학습으로 수학에 대한 부담을 줄이면, 다른 중요한 활동에 더 많은 시간을 투자할 수 있습니다.

3. 양적인 연습의 중요성

고등 수학은 단순히 개념만 이해해서는 성취를 이루기 어렵습니다. 문제를 많이 풀어야 다양한 유형에 익숙해질 수 있으며, 이는 내신과 수능 모두에 적용됩니다.

- 개념 문제 ≠ 내신 문제 ≠ 수능 문제: 각 유형에 맞는 전략적 연습이 필요합니다.

• 많은 문제를 풀면서 약점을 보완하고 사고력을 키우는 것이 필수입니다.

고등학교 내신의 특징은 다음과 같이 3가지로 정리할 수 있습니다.

1. 상대평가 체제의 어려움

절대평가였던 중학교 때와 달리, 고등학교 내신은 상대평가이며, 시험 난이도가 상대적으로 조정됩니다. 중간고사가 쉬웠다면 기말고사는 더 어렵게 출제되는 경향이 있어, 모든 시험에서 안정적인 실력이 요구됩니다. 특히 강남권처럼 내신 문제가 어렵게 출제되는 경우, 기출문제 풀이를 미리 반복해 유형을 익혀야 합니다.

2. 시간 제약과 많은 문제

내신 시험은 50분이라는 제한된 시간 안에 많은 문제를 풀어야 합니다. 난이도 있는 문제를 빠르고 정확하게 푸는 능력이 내신 성적을 좌우합니다.

3. 내신 대비 시간 부족

학기중에는 수업과 과제, 시험 대비로 학습 시간이 부족하기 때문에 시험 직전 준비만으로는 성적을 올리기 어렵습니다. 다른 과목도 성적을 잘 관리해야 하므로 수학에만 집중할 수도 없습니다.

고등학생의 선행 학습 전략

만약 고등학교 수학을 미리 공부하지 못한 채 고등학교에 진학한 학생이라면 어떻게 해야 할까요?

1학년 때는 학기 바로 전에 선행하고, 학기 때는 그 과목 내신을 공부해야 합니다. 이렇게라도 해야 합니다. 단 이럴 때는 개념을 익히면서 동시에 내신 공부도 같이해야 합니다. 개념 따로 내신 따로 하면 나중에 내신을 충분히 대비할 수 없습니다. 특히 대수, 미적분1, 확률과 통계는 수능과 밀접하게 연관된 과목으로, 선행과 내신 대비를 함께해야 합니다.

다행히 고등학생이 되면 학생들의 학습 효율도가 눈에 띄게 향상됩니다. 반복 학습으로 문제 풀이 속도가 빨라지고 이해력도 상승합니다. 책상 앞에 앉아 있는 시간이 늘어나면서 효율적으로 공부하는 요령도 생깁니다. 이런 장점을 활용해 고2 이전에 개념 공부만이라도 선행해 두면, 이후 학습 부담을 크게 줄일 수 있습니다.

고2 과정에 접어들면 수능 유형 문제를 다루기 시작하므로, 그 전에 기본 개념과 실전 문제 풀이 연습을 준비하는 것이 핵심입니다. 고2 학년은 수능 준비의 핵심 시기로, 선행 학습 여부와 학습 전략의 차이에 따라 성적과 진로의 방향이 크게 달라질 수 있습니다.

	고1 1학기	고1 여름 방학	고1 2학기	고1 겨울방학	고2 1학기	고2 여름방학	고2 2학기	고2 겨울방학
과정	공통 수학1 내신	공통 수학2 선행	공통 수학2 내신	대수 선행	대수 내신	미적분1 선행	미적분1 내신	확통 + 수능 문제 풀이

고2 학년 수능 과목의 특징

• 수능 범위 포함

고2 과정에서 배우는 대수, 미적분1, 확률과 통계는 수능 과목으로 이어집니다. 이 과목들의 이해도는 수능 성적과 직결되므로 학습의 깊이와 정확성이 중요합니다.

• 고난도 문제 유형 등장

고1 내신과 달리 모의고사와 수능형 문제를 접하면 출제 유형과 난이도 면에서 크게 다르다는 것을 알게 됩니다. 단순한 계산보다 응용력과 문제 해결 능력을 요구하는 문제들이 많아집니다.

• 대수의 어려움

대수는 공식, 논리적 접근, 다양한 풀이 방법을 요구합니다. 고등 수학에서 가장 어려운 부분으로 손꼽힙니다. 미적분1과 확률과 통계에 비해 개념 이해와 적용 능력 사이의 간극이 커서 꾸준한 학습이 필요합니다.

이러한 이유로, 고1 겨울방학 동안 대수와 미적분1의 기본 개념을 배우고, 기초 문제를 풀어 놓으면 고2 심화 과정에서 학습 부담이 크게 줄어듭니다.

고등 과정에서 반드시 공부해야 할 단원 3

고등학교 선행 학습 시 반드시 주의 깊게 접근해야 하는 주요 단원과 각 단원의 특징, 그리고 학습 전략을 다음과 같이 정리할 수 있습니다.

1. 공통수학2: 도형의 방정식

• 특징

① 중등과 고등에서 배우는 도형의 차이: 중학교에서는 도형의 성질과 관계를 주로 학습했지만, 고등 과정에서는 좌표평면에서 도형을 분석하고, 이를 식으로 표현하며 풀이합니다.

② 함수의 활용: 도형의 방정식 단원은 일차함수, 이차함수 등의 기초 함수 개념이 매우 중요하며, 이를 기반으로 원, 직선, 포물선을 좌표에서 풀이합니다.

• 학습 전략

① 함수의 기초 복습: 일차함수와 이차함수의 그래프, 성질, 기본 풀이법을 먼저 복습합니다.

② 좌표와 기하의 연결 이해: 중학교의 기하학적 접근법(예: 삼각형의 성질)을 좌표평면으로 옮겨 와 식으로 변환하는 연습을 합니다.

③ 문제 풀이 연습: 기초 개념을 학습한 다음 점과 직선, 원, 삼각형 등 다양한 도형의 방정식 문제를 풀어 봅니다.

2. 대수: 삼각함수

• 특징

① 새로운 정의와 확장: 중학교에서 배운 삼각비를 확장하여 삼각함수(사인, 코사인, 탄젠트 등)를 정의합니다.

② 삼각함수의 그래프와 주기성, 성질 등을 배웁니다. 이때 시각적인 이해가 필수입니다.

③ 공식의 증명과 이해: 삼각함수 공식을 증명하고, 이를 바탕으로 문제를 풀이해야 합니다.

• 학습 전략

① 기초 삼각비 복습: 삼각비의 기본 정의와 간단한 문제 풀이부터 확실히 다집니다.

② 그래프 시각화: 삼각함수의 그래프를 그려 보며, 주기성과 성질을 눈으로 확인합니다.

③ 공식의 철저한 이해: 문제 풀이에 앞서, 각 공식을 스스로 증명해 보고 정확히 암기합니다.

④ 단계적 문제 풀이: 기초 문제부터 시작해 점차 난이도를 올리며 풀이 실력을 키웁니다.

3. 대수: 수열

• 특징

① 새로운 정의와 성질: 등차수열, 등비수열, Σ 등 새로운 정의와 계산법을 배우며, 복잡한 문제 풀이가 포함됩니다.

② 수학적 사고와 규칙성: 수열은 규칙성을 분석하고 이를 식으로 표현합니다. 논리적 사고가 필수입니다.

• 학습 전략

① 정의와 성질 정리: 각 수열의 정의와 성질을 꼼꼼히 정리하고, 이를 문제에 적용하는 방법을 학습합니다.

② 점화식 풀이 연습: 점화식의 다양한 형태를 익히고, 일반항 도출 방법을 충분히 연습합니다.

③ 복합 문제 풀이: 수열과 다른 개념(예: 등식, 부등식)이 결합된 문제를 풀어 사고력을 확장합니다.

4. 미적분1: 함수의 극한과 연속

• 특징

① 추상적 개념 학습: 극한은 '값에 점점 가까워지는 과정'을 다루며, 고등 수학에서 가장 추상적이고 어려운 개념 중 하나입니다. 연속성의 정의는 극한의 개념 위에서 확장되며,

수학의 정밀성과 정확성을 요구합니다.

② 개념 정의에 기반한 문제 풀이: 이 단원은 공식보다는 정의를 정확히 이해하고, 이를 활용한 문제 풀이가 중요합니다.

• 학습 전략

① 정의부터 먼저 학습: 극한과 연속의 정의를 이해하고, 이를 수학적 언어로 표현하는 연습을 합니다.

② 기본 예제 풀이: 기초적인 극한 계산과 연속성을 판단하는 문제를 반복적으로 풉니다.

③ 그래프와 직관 연결: 극한 개념을 그래프로 시각화하며, 직관적으로 이해하려 노력합니다.

④ 응용 문제 풀이: 정의와 그래프를 활용해 고난도 문제를 해결하는 연습을 꾸준히 합니다.

수학 머리가 좋은 학생과
수학이 어려운 학생의 선행 공부법

수학 머리 좋은 학생의 특징

수학을 잘하는 학생들은 개념과 공식을 정확히 이해하려고 노력하며, 문제 풀이 또한 철저하게 정확성을 추구합니다. 다른 친구들이 무심코 지나치기 쉬운 용어나 개념에도 세심한 관심을 기울입니다. 자신이 무엇을 알고 무엇을 모르는지를 분명히 분별하는 메타인지 능력도 뛰어나 명확하게 질문을 잘합니다.

또한 수학적 사고력이 뛰어난 학생들은 학습 계획을 세우는 데도 능숙하며, 이를 바탕으로 입시 전략을 설계하는 과정에서도 큰 강점을 발휘합니다. 이러한 특성 덕분에 선행 학습에 소요되는 시간이 일반 학생들보다 훨씬 적어 마음만 먹으면 선행 학습을 빠르게 진행할 수 있습니다.

예를 들어 수학을 잘하는 학생은 처음부터 『실력정석』으로 학습해도 오답이 많지 않습니다. 쉬운 문제집은 빠르게 소화하고, 어려운 문제도 스스로 고민하며 해결하려고 노력합니다. 또한 틀린 문제는 꼼꼼히 점검하고 정확히 이해한 뒤 넘어갑니다.

반면, 수학 성취도가 중간 정도인 학생은 『기본정석』으로 기초를 다지고, 『쎈수학』이나 『RPM』으로 유형별 문제를 연습한 뒤, 다음 단계에서 『실력정석』을 공부하면서 문제집을 추가로 풉니다.

이렇게 수학적 감각이 뛰어나고 수학을 잘하는 학생이라도 선행 학습을 하지 않고 자기 학년 과정만 공부하는 것은 장기적으로 불리할 수 있습니다. 일정 수준까지는 잘 따라갈 수 있지만, 고등 과정으로 올라갈수록 역전을 당할 가능성이 커지기 때문입니다.

선행 학습 계획

수학적 능력이 뛰어난 학생들은 아래와 같은 선행 학습 계획을 세울 수 있습니다.

1. 교과 과정 순서대로 학습

중등 과정부터 고등 과정까지 교과 과정을 체계적으로 순서에 따라 학습합니다. 이를 통해 기초부터 심화까지 자연스럽게 연결됩니다.

2. 적합한 개념서와 문제집 선택

중등 과정:

- 개념서:『개념원리』

  중등 과정은『개념원리』로 기본 개념을 정리합니다.
- 문제집:『블랙라벨』,『고쟁이』

  심화 학습을 위해 난이도 높은 문제집을 병행합니다.

고등 과정:

- 개념서:『실력정석』

  고등 과정에서는 난이도가 있는 개념서를 선택해 학습 깊이를 더하는 것이 좋습니다.
- 문제집:『고쟁이』,『블랙라벨』

  고등 과정에서는 심화와 응용 능력을 키우기 위해 고난도 문제집을 활용합니다.

3. 학생 성향에 따른 교재 선택

수학 머리가 좋은 학생들이 지나치게 쉬운 교재로 학습할 경우 흥미를 잃을 수 있으므로, 본인의 학습 성향과 수준에 맞추어 개념서와 문제집의 난이도를 조절해야 합니다.

학생의 수준과 학습 속도를 고려해 위 계획을 조정하며, 필요하다면 복습을 포함해 지속적인 피드백을 통해 보완해 나가야 합니다.

수학이 어려운 학생의 선행 공부법

　수학이 어려운 학생들이 실력을 키우려면 선행 학습이 필요합니다. 하지만 효과적인 선행 학습을 위해서는 올바른 수학 공부 방법이 반드시 뒷받침되어야 합니다. 선행을 나가되, 제대로 된 학습 방법을 적용하지 않으면 개념을 이해하지 못하고, 결국 학습 의욕마저 꺾이고 맙니다. 이에 따라 수학 공부의 단계별 학습법을 살펴본 후 선행 계획에 맞춰 학습합니다.

단계별 수학 학습 방법

1단계. 기본 개념 학습

- 학생의 수준에 맞는 쉬운 개념서를 선택해 수학의 기초를 확실히 다집니다.

  예: 중등 과정은 『개념원리』, 고등 과정은 『기본정석』 추천.

2단계. 쉬운 문제 반복 풀이

- 새로 배운 개념은 쉬운 문제를 반복적으로 풀면서 익숙해질 때까지 연습합니다.

  예: 『쎈수학』의 A단계 문제는 기초 학습에 적합.

- 이는 학생 스스로 잘하고 있다는 자신감을 얻도록 돕습니다.

3단계. 점진적 난이도 상승

- 기초 문제를 먼저 다룬 뒤, 점차 난이도를 높여 중간 수준의 문제로 이동합니다.
  예:『쎈수학』B단계,『RPM』문제집 활용.
- B단계의 고난도 문제는 학생 수준에 따라 선택적으로 풀도록 합니다.

4단계. 오답 복습

- 오답 문제를 노트에 따로 모아 풀이 과정을 점검하며 복습합니다.
- 오답을 분석하면서 이전 과정의 개념과 문제 풀이법을 자연스럽게 복습하게 됩니다.

선행 학습의 효과적 계획

· 초등 과정 선행

한 학기 정도를 먼저 배우는 것만으로도 충분합니다. 목표는 개념을 확실히 이해하고, 계산 실수를 줄이며, 문제 풀이 습관을 만드는 것입니다.

· **중등 과정 선행**

중학교 2학년 겨울방학부터 본격적인 선행을 시작합니다. 이 시기를 놓쳤다면 중학교 3학년에라도 꼭 시작해야 합니다. 개념 학습과 쉬운 문제 풀이에 집중하며, 심화 문제는 내신을 대비하는 시점에 다룹니다.

· **고등 과정 선행**

고등 과정 선행 학습은 심화 학습이 아니라, 개념을 이해하고 문제 유형을 익히는 데 중점을 둔 과정입니다. 어려운 문제집보다는 기본 개념서와 중난이도 문제집으로 학습합니다.

예:『기본정석』,『RPM』,『쎈수학』의 B단계 문제.

학습 과정에서 유의할 점

· **성취도 관리**

수학 머리가 약한 학생은 100% 성취도를 목표로 하면 좌절하기 쉽습니다. 한 과정에서 50~70% 성취도를 달성하면 다음 단계로 넘어가도 괜찮습니다.

· **학습 횟수 제한**

한 과정을 3~4번 반복하는 대신, 개념 학습 1회 + 중급 문제 풀이 1회로 마무리합니다. 반복이 지나치면 학생이 지루해하고 학습에 대한 흥미를 잃을 수 있습니다.

· **심화 문제는 나중으로 미룸**

이 단계 학생들의 선행 학습의 목표는 개념 이해와 유형 익히기입니다. 심화 문제는 내신이나 수능 준비 시점에 다뤄도 충분합니다.

· **선생님과 학부모의 역할**

학생이 수학을 어려워하지 않도록 도와야 합니다. 칭찬과 격려를 통해 학습 동기를 줍니다. 학생의 표정과 반응을 세심히 관찰하며 학습 계획을 조정합니다. 오답 학습을 적극적으로 활용해 이전 과정의 개념을 점검하고 보완합니다.

수학에 약한 학생들에게 선행 학습은 수학적 자신감을 키워주고, 기초를 탄탄히 다질 수 있게 하며, 이후 내신과 수능 준비에도 큰 도움이 됩니다. 수학은 어려운 과목이 아니라, 의욕과 반복 학습을 통해 누구나 성취할 수 있는 과목이라는 점을 가르쳐 주세요.

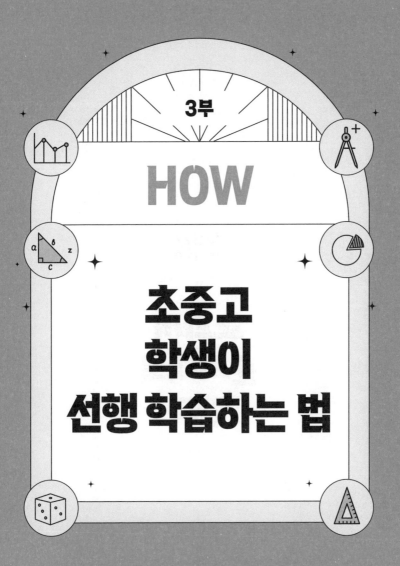

3부

HOW

초중고
학생이
선행 학습하는 법

7장

교과서 순서대로 탄다

선행을 해도 수학이 어려운 이유

중학교 입학을 앞두고 만난 제니는 특별한 배움의 과정을 가지고 있었습니다. 제니의 부모는 아이의 학습에 매우 관심이 많아서 초등학교 때부터 일찍 선행 학습을 시작하도록 지도했습니다. 그래서 제니는 중학교에 입학하기 전에 이미 많은 내용을 학습한 상태였습니다.

어느 날, 제니의 부모를 만나 입학 전 상담을 하게 되었습니다. 그때 제니의 학습 진도를 물어보았고, 부모님은 자신 있게 대답했습니다.

"제니는 어디까지 진도를 나갔나요?"

"중등 3-1까지 했습니다."

저는 순간 깜짝 놀랐습니다. '벌써 중등 3-1까지?'라는 생각이 들었습니다. 중학교에 들어가기도 전에 이미 중등 3-1 까지 진도를 나갔다는 것은 상당한 선행 학습을 진행했다는 의미였기 때문입니다. 저는 중학교 진학 전에 성취도 평가를 어떻게 진행할지에 대해 이야기를 나누었습니다.

"중등 3-1 과정까지 했으니 테스트는 그 과정으로 진행할 겁니다. 만약에 중등 3-1에서 약한 부분이 보이면, 그 전 과정도 다시 점검할 수 있습니다."

그런데 제니의 부모님은 뭔가 불안한 듯 말씀하셨습니다.

"그런데요, 선생님…."

"네?"

"1학기 과정만 하고 아직 2학기 과정은 공부하지 않았어요."

저는 무슨 의미인지 몰라 잠시 당황했습니다.

"그게 무슨 말씀이십니까?"

"1-1, 2-1, 3-1 과정을 먼저 공부했고, 아직 1-2, 2-2, 3-2 과정은 하지 않았습니다."

이 말을 들으면서 제니의 학습 경로에 대해 더 깊이 생각하게 되었습니다. 사실 많은 학생이 학년별로 1학기 과정(대수)을 먼저 배우고 2학기 과정(기하)을 배우지만, 제니처럼 학년을 무시하고 1학기(1-1, 2-1, 3-1) 과정을 먼저 배운 후에 2학기 (1-2, 2-2, 3-2) 과정을 배우는 것은 매우 드문 일이었습니다.

이같은 방법으로 공부하는 학생들은 중등 1-1을 배운 다음 중등 2-1로 넘어갑니다. 그렇게 되면 중등 1-2에 대한 개념을 모른 채 지나가게 됩니다. 앞서 말했듯이 지금 배우는 새로운 개념만 가지고는 문제를 풀 수 없습니다. 문제를 풀 때는 방금 배운 개념뿐만 아니라 이전 학습에서 다뤘던 개념들을 모두 활용하게 됩니다. 중등 2-1 문제를 풀다가 중등 1-2에 나오는 개념을 몰라서 못 푸는 문제가 나오면 난감해집니다. 그렇다 보니 학생은 문제에서 틀린 이유를 알지 못한 채 오답을 반복 하게 되고, 점차 수학이 더 어렵게 느껴지기 시작합니다.

학생이 이렇게 진도를 나가는 데는 이유가 있습니다. 진도 를 빨리 나가야 한다고 생각하기 때문일 수 있습니다. 일단 중 등 1-1, 2-1, 3-1을 해 놓았다고 생각하니 진도가 많이 나간 것 같아서 마음이 놓입니다. 그리고 많은 학생이 개념만 공부 하고 심화 과정은 건너뛰는데, 심화 학습 없이 개념만 배우는 것은 진정한 공부라고 할 수 없습니다.

당연히 제니의 중등 3-1 과정의 테스트 결과는 썩 좋지 않

있습니다. 제니처럼 교과 과정을 무시하고 선행 진도를 나가는 데 급급한 학생은 거의 그 결과가 좋지 않았습니다.

중3 준원이는 이미 공통수학1과 공통수학2를 함께 배운 경험이 있는 학생이었습니다. 어느 날, 준원의 부모님과 상담을 하는데 조금 걱정스러운 표정으로 말했습니다.

"준원 학생은 공부를 어디까지 했나요?"

"공통수학2까지 했는데, 공통수학2도 그렇고 공통수학1도 잘 모르겠다고 하네요. 진도가 너무 늦는 것 같아서 전에 다녔던 학원에서 공통수학1과 공통수학2를 동시에 배웠거든요. 아들이 수학을 못해서 그런지 너무나 어려워하네요."

이 말을 듣고 깜짝 놀라 "공통수학1을 먼저 다 공부하지 않고 공통수학2를 배웠다고요?"라고 되묻자, 부모님은 고개를 끄덕였습니다.

수학에서 중요한 것은 순차적으로 개념을 학습하는 것입니다. 하지만 준원은 공통수학1의 개념이 충분히 다져지지 않은 상태에서 공통수학2 문제를 계속 풀어야 했던 상황이었습니다. 이런 이야기를 들으면 참 안타깝습니다.

준원은 공통수학2를 배우는 데 큰 어려움을 겪었습니다.

사실, 공통수학2의 개념은 공통수학1에서 배운 개념을 바탕으로 확장된 것이기 때문에, 공통수학1을 제대로 이해하지 못한 상태에서 공통수학2를 공부하는 것은 매우 힘든 일입니다. 준원은 문제를 풀 때마다 "왜 이게 이렇게 되는 거지?"라는 의문을 자주 품었습니다. 그래서 결국 문제를 풀지 못하고, 자신감을 잃어 가면서 점점 수학을 싫어하게 되었죠.

"선생님, 이 문제는 도저히 못 풀겠어요. 왜 이런 식으로 풀어야 하는지 모르겠어요…."

준원은 문제를 풀 때마다 무기력한 표정을 지었고, 계속해서 포기하려는 모습을 보였습니다. 준원이 수학을 너무나 어렵게 느끼고, 점점 자신감을 잃어 가는 모습에 저는 안타까움을 느꼈습니다.

"준원아, 공부는 순서가 중요해. 공통수학1을 제대로 마친 후에 공통수학2를 배워야 해. 그러지 않으면 네가 지금 느끼는 어려움은 계속될 수 있어."

저는 준원에게 교과서의 진도 순서대로 공부하라고 조언했습니다.

준원은 처음에는 천천히 진행되는 수학 공부에 지루함을 느끼기도 했습니다. 하지만 공통수학1부터 다시 복습하면서 점차적으로 놓친 개념들을 채워 갔고, 그럴수록 문제 풀이가 점점 만만해지기 시작했습니다. 처음에는 문제를 풀지 못하던 준원은 점차 틀린 문제들을 다시 풀어보면서 '이게 이렇게 되는구나!'라고 깨달았습니다. 갈수록 이해가 빨라지자 수학에 대한 자신감도 함께 향상되는 게 보였습니다.

준원의 학습 여정에서 중요한 점은 선행 학습을 하더라도 순차적인 개념 학습을 무시해서는 안 된다는 것입니다. 아무리 진도가 늦어도, 수학은 기본적인 개념부터 하나씩 쌓아 가야만 제대로 된 실력을 키울 수 있습니다. 준원은 그 과정을 통해 수학을 다시 좋아하게 되었고, 그 어려움을 극복할 수 있었습니다.

계통 수학이 놓치고 있는 것

계통 수학으로 선행 학습을 하는 경우도 있습니다. 계통 수학 학습법이란, 학년별·학기별로 나뉘어 있는 개념들을 계통별·주제별로 재구성하여 학습하는 방법입니다. 영역별로 수학 개념이 연결되어 있음을 강조합니다.

예를 들면, 다음과 같습니다.

- 제곱근 개념(중등 3-1) → 무리식 연산(공통수학1) → 무리
  함수(공통수학2)
- 경우의 수, 확률(중등 2-2) → 경우의 수, 순열과 조합(공통
  수학1)
- 인수분해(중등 3-1) → 인수분해(공통수학1)

이처럼 제곱근 개념이 나오는 중등 3-1에서 다른 부분은 배우지 않고 제곱근만 익힌 뒤, 공통수학1의 무리식 연산으로 넘어갑니다. 더 나아가 공통수학2의 무리함수까지 배웁니다.

그런데 계통 수학 학습법을 조심해야 합니다. 이렇게 배우면 개념은 알아도 문제를 풀 수가 없습니다. 앞서 강조했듯수학은 앞서 배운 모든 개념과 공식을 활용해 문제를 푸는데, 구멍난 개념이 있으니 많이 배워도 곤란한 상황이 생기게 됩니다.

이런 계통 수학 학습법은 개념을 충분히 공부한 다음 서로 연결된 개념들을 계통적으로 다시 정리하며 학습할 때 효과적입니다. 특히 오답을 정리하는 과정에서 자주 활용됩니다.

중등 1-1부터 미적분1, 미적분2, 확률과 통계까지의 개념들

은 서로 밀접하게 연결되어 반복적으로 등장하는 경우가 많습니다. 공통수학1까지 공부한 학생이 중등 3-1 학교 시험을 볼 때 계통 수학 학습법으로 공부하면 완벽에 가까울 정도로 학습 효과가 있습니다.

하지만 이런 경우를 제외하고 수학은 교과서 순서대로 공부해야 합니다. 수학은 개념을 하나씩 순차적으로 쌓아 가며 배우는 학문입니다.

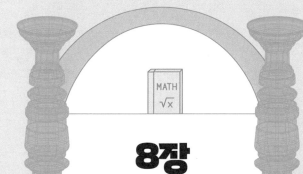

8장

개념서
·문제집
선택이
중요하다

개념서는 어떻게 고를까?

✚ 나에게 맞는 개념서

선행을 하는 목적은 학생 자신의 학습 속도와 방식으로 개념을 미리 익히고 관련 문제를 풀어 보면서 미리 수학을 공부하는 것입니다. 당장 고등학교 내신을 대비하거나 수능 문제를 풀이하는 단계를 의미하지 않습니다. 따라서 수학 선행에서 어떤 개념서를 선택할지는 굉장히 중요합니다.

개념서는 개념을 체계적으로 이해하고 공식을 증명하며, 이렇게 배운 개념과 공식을 정리해 문제를 푸는 데 활용할 수 있도록 설계된 책입니다. 그래서 개념서에는 유형 문제가 많이 빠져 있습니다. 개념서에서 다루지 못한 문제들은 유형 풀이 문제집을 통해 접하면 됩니다.

중3 혜나는 수학을 좋아하는 학생이었지만, 조금 다른 방식으로 수학을 공부했습니다. 혜나는 처음에는 개념서 없이 문제집만 가지고 공부를 시작했습니다. 문제를 풀고 나서 틀린 문제를 다시 공부하는 과정을 통해 점차 실력을 쌓아 갈 수 있다고 생각했습니다. 하지만 시간이 지나면서 혜나는 점차 다른 생각을 갖게 되었습니다.

"아, 개념 정리가 잘 안 된 상태구나. 많이 배우긴 했는데 내용이 뒤죽박죽 섞여 있어. 문제를 풀 때도 확신이 없고, 틀린 문제를 다시 풀어도 그 이유를 명확하게 이해하지 못할 때가 많아."

혜나는 문제를 풀 때마다 해결책이 떠오르지 않는 순간들이 많았습니다. 정확한 개념을 알지 못하고 대충 문제를 푼다는 느낌이 들었고, 그로 인해 점점 자신감을 잃어 갔습니다.

저는 혜나에게 개념서의 중요성을 설명해 주었습니다. 개념서가 왜 중요한지에 대해 알게 된 혜나는 학습 방법을 바꾸기로 결심했습니다.

개념서의 특징은 다음과 같습니다.

1. 정의와 성질의 자세한 설명

개념서는 각 개념에 대한 정의와 성질을 자세히 설명하고 있습니다. 예를 들어, 이차방정식을 배우면서 그 정의부터 시작해 어떤 성질이 있는지, 그 개념이 왜 중요한지까지 체계적으로 설명해 주기 때문에 혜나는 개념을 정확히 이해할 수 있었습니다.

2. 문제 풀이와 해설의 연결

개념서는 개념과 문제 풀이가 유기적으로 연결되어 있다는 점이 특징입니다. 문제를 푸는 과정에서 개념이 어떻게 적용되는지 설명해 주고, 개념을 익히는 것과 문제를 푸는 것이 별개가 아니라는 점을 깨닫습니다. 혜나는 개념서에 나오는 문제를 풀면서 그 개념이 실제 문제에 어떻게 적용되는지를 이해하면서 개념의 중요성을 실감했습니다.

3. 수학에 대한 흥미 유발

개념서에는 어떤 배경에서 개념이 도출되었는지에 대한 설명도 있습니다. 예를 들어, 이차방정식을 다룰 때 그 개념이 어떻게 발전했는지, 역사적으로 어떤 필요성에서 출발했는지 등의 설명이 덧붙여져 있습니다. 이러한 설명은 혜나에게 수학에 대한 흥미를 불러일으켰습니다. 개념서의 배경 설명 덕분에 수학을 단순한 문제 풀이로만 보지 않고, 왜 이 개념이 중요한지, 왜 이 수학적 접근이 필요한지를 이해하면서 수학에 대한 흥미를 갖게 되었습니다.

저의 조언대로 혜나는 문제 풀이를 중단하고 바로 자신에게 맞는 개념서를 골라 공부했습니다. 문제집을 풀면서 개념을 접한 적 있기 때문에 다시 개념서로 체계적으로 공부한다면 빠르게 이해하면서 학습의 기초를 탄탄히 할 수 있습니다.

혜나의 경험을 통해 다시 한 번 느낀 점은 수학 학습에서 개념서의 중요성입니다. 개념서를 통해 학생은 기본 개념을 체계적으로 이해하고, 그 개념을 문제에 어떻게 적용해야 하는지를 알게 되며, 수학을 단순한 문제 풀이가 아닌 의미 있는 학문으로 받아들일 수 있기 때문입니다.

✚ 개념서를 선택하는 법

시중에는 다양한 개념서가 많이 나와 있습니다. 초중고별로 개념서가 다 따로 있는데, 초등 수학 개념서 종류가 제일 많고 고등 수학 개념서 종류가 제일 적습니다.

초등 시기는 수학을 처음으로 접하기 때문에 다양한 교재를 참고하며 자신에게 적합한 책을 찾아가는 과정입니다. 하지만 중학교를 거쳐 고등학교에 올라갈수록 학생들은 자신에게 맞는 공부 방법은 물론 자신에게 효과적인 개념서가 어떤 종류인지도 이미 알고 있습니다.

선행 공부를 할 때 특히 개념서 선택이 중요한데, 중등 과정과 고등 과정에 대한 개념서를 각 한 권만 선택해서 공부해야 합니다. 문제집은 여러 종류를 사용하지만, 개념서는 한 권으로 충분합니다. 나한테 맞는 좋은 개념서를 한 권만 잘 선택해야 합니다.

좋은 개념서는 다음과 같은 특징이 있습니다.

첫째, 정의와 개념, 공식을 명확하게 설명하고, 체계적으로 정리되어 있어야 합니다. 설명이 너무 간결해도 안 되고 너무나 장황하게 써 있어도 산만해서 안 됩니다.

둘째, 모든 공식의 증명이 있어야 합니다. 증명을 통해 공식이 도출된 과정을 보면서 수학적 원리를 잘 이해할 수 있습니다.

셋째, 개념서에 나오는 문제가 단순 반복적인 게 아니라 개념 이해를 돕는 기본 문제와 이를 응용할 수 있는 심화 문제까지 다양하게 포함되어 있을수록 좋습니다.

다음은 중등 개념서와 고등 개념서를 정리한 표입니다. 이를 보고 학생에게 맞는 것을 선택합니다.

중등 수학 개념서

	이름	숨마쿰라우데
	출판사	이룸이앤비
	특징	글이 많아서 독서를 좋아하는 아이에게 잘 맞다. 수학에 흥미를 느끼고 자기 주도 학습력이 갖춰진 학생에게 적합하며, 문제는 어렵지 않으며 쉬운 문제부터 어려운 문제까지 골고루 구성되어 있다.
	이름	개념원리
	출판사	개념원리
	특징	개념이 섬세하게 많이 설명돼 있다. 필수 예제 밑에 풀이가 있어서 혼자 공부하는 학생들이 보기에도 좋다. 문제들은 비교적 쉬운 편이다.
	이름	개념+유형
	출판사	비상
	특징	개념 편과 유형 편으로 나뉘어 있다. 유형 편은 다시 라이트/파워로 나뉘는데 파워는 『쎈수학』 스타일의 유형별 문제집이고, 라이트는 개념 편의 똑같은 쌍둥이 문제로 구성되어 있어 중하위권 학생에게 적합하다. 문제의 양도 많은 편이다.

	이름	체크체크
	출판사	천재교육
	특징	난이도가 쉽다. 수학을 어려워하거나 중위권 이하의 학생들에게 적합하다.
	이름	신 수학의 바이블
	출판사	이투스북
	특징	편안한 구어체로 설명이 잘 돼 있다. 다양한 문제를 풀어 보는 데 초점을 맞춘 개념서. 『수학의 정석』은 딱딱해서 보기 어려운 학생들에게 추천할 수 있다.
	이름	수력충전
	출판사	수경출판사
	특징	간략한 개념 설명과 이를 확인하는 문제로 구성되어 있다. 연산 훈련이 필요한 하위권 학생에게 적합하다. 수학에 자신감 없는 학생이거나 진도를 빠르게 나갈 때 활용하면 효과적이다.

고등 수학 개념서

	이름	수학의 정석 기본
	출판사	성지출판사
	특징	개념 설명이 글로 되어 있어서 편하게 볼 수 있고, 기본 문제에서 개념 설명을 반복해 편하게 볼 수 있다. 기본 문제와 유제가 같은 유형의 문제라서 개념을 정확하게 배우기에 좋다. 하지만 본문을 공부하고 나서 연습 문제를 바로 풀기에는 어려운 편. 따라서 개념 유형서를 풀고 나서 연습 문제를 풀어야 하는 어려움이 있다.

	이름	수학의 정석 실력
	출판사	성지출판사
	특징	기본 개념서로 공부한 후, 심화 개념서로 공부해야 할 때 적합한 개념서. 개념에 대한 심화된 내용 및 이론적 배경이 포함되어 있으며 연습 문제 난이도가 『수학의 정석 기본』보다 훨씬 높다.
	이름	개념원리
	출판사	개념원리
	특징	개념을 매우 쉽고 자세하게 설명하고 있어 수학을 어려워하는 학생들이 부담 없이 공부할 수 있는 개념서. 다만 개념에 딸린 문제들이 많아서 이 책을 공부하는 경우에는 이 책 하나만 공부할 것을 추천한다. 전반적으로 문제가 쉬워서 개념서를 끝내고 나면 중난이도의 문제집을 별도로 풀어 보는 것이 좋다.
	이름	마플교과서
	출판사	희망에듀
	특징	개념을 설명하는 글이 길어서 산만해 보일 수도 있다. 개념 설명 부분과 문제 부분을 잘 구분해서 공부할 필요가 있다. 발전 문제는 개념을 공부하고 나서 풀기에는 어려운 편이기 때문에 나중에 푸는 것을 추천. 전반적인 난이도는 『정석』보다 약간 쉬운 편.
	이름	숨마쿰라우데
	출판사	이룸이앤비
	특징	개념 설명이 매우 자세하게 되어 있어서 개념을 공부하기에 좋은 책. 단순히 문제 풀이에 필요한 개념뿐 아니라 수학사에 대한 내용도 같이 있어서 흥미로운 편. 개념 설명을 할 때 나오는 문제는 어렵지 않으며 쉬운 문제부터 어려운 문제까지 골고루 구성되어 있다. .

	이름	수학의샘
	출판사	아름다운샘
	특징	가장 쉬운 개념서로, 수학을 많이 어려워하는 학생에게 적합한 개념서. 하지만 개념 설명이 너무 간단한 데다 빠진 부분이 있어서 이 책만 가지고 공부해서는 제대로 개념을 공부했다고 할 수 없다. 하지만, 수학을 어려워하는 학생들은 공통수학1을 배울 때, 이 책으로 먼저 공부한 후에 제대로 배우는 것을 추천. 수학 실력이 중간 이상인 학생은 다른 개념서를 사용하기를 권장한다.
	이름	수학의 바이블
	출판사	이투스북
	특징	개념 설명이 자세한 편은 아니나 책의 내용이 많지 않아서 빠른 시간 내에 개념을 다시 공부하기에는 적합하다. 하지만 개념을 처음 공부하는 책으로는 적합하지 않아서 단계적으로 활용하면 좋다.

학생 수준에 맞는 문제집을 선택한다

✚ 나에게 맞는 문제집

　수학 공부는 항상 개념서와 문제집이 한 세트로 움직입니다. 문제를 해결하기 위해서 개념을 공부한 것이므로 문제집으로 개념을 확인하는 과정을 꼭 거쳐야 합니다.

좋은 문제집의 특징은 3가지로 꼽을 수 있습니다.

첫째, 문제가 너무 적어도 안 되고 너무 많아도 좋지 않습니다. 문제가 적으면 충분한 문제 풀이 공부가 안 되고 반대로 너무 많으면 풀다가 지칠 수가 있습니다.

둘째, 일반적으로 쉬운 문제부터 어려운 문제까지 고루 구성되어 있는 책이 좋습니다. 유형별로, 즉 같은 개념 공식을 사용하는 다양한 문제들로 구성된 책을 고릅니다.

셋째, 유형별 문제 풀이와 개념 학습이 균형 있게 구성된 책을 선택하면 학습 효과를 높일 수 있습니다.

무엇보다 자신의 수준에 맞는 문제집으로 시작해야 합니다. 시기에 따라서 푸는 문제집이 다르지만 처음 선행으로 개념 공부를 할 때 사용하는 문제집은 현재의 학생 수준에 맞아야 합니다. 지나치게 어렵거나 쉬우면 학습 효율을 떨어뜨릴 수 있습니다.

예를 들어, 자신보다 수학을 잘하는 친구가 『블랙라벨』을 푼다고 나도 덩달아 선택했다가는 어려워 포기할 수 있습니다. 평소 수학 성취도가 낮고 수학을 이해하는 데 좀 더 많은 시간이 필요하다면, 『RPM』이나 『쎈수학』 문제집을 먼저 풀고 난 후 『블랙라벨』 문제집을 풀어야 합니다(내신 준비나 수능 대비용 문제집 선정은 좀 다릅니다).

학부모님도 자녀가 선행 학습을 하다가 너무 어려워하거나 하기 싫어한다면 현재 사용하는 문제집이 학생의 학습 수준에 맞지 않는 것인지 점검해 봐야 합니다. 의외로 이런 사례가 너무 많습니다.

여기서 이야기하는 선행 학습은 자기 학년을 넘어서서 미리 공부하는 것을 의미합니다. 아직 고등 내신이나 수능 문제 풀이를 할 단계는 아닙니다. 학생 수준에 쉽거나 과하게 어려운 개념서나 문제집을 택하면 효과가 적습니다. 선행에 효과적인 개념서와 학생 수준에 맞는 문제집을 신중하게 고르는 것이 선행 로드맵을 짜는 것 이상으로 중요합니다.

✚ 문제집을 선택하는 법

고등학교에 진학하면 수학 공부에 약간 변화가 생깁니다. 이전까지는 학생 수준에 맞춰서 공부했다면 고등학교에서는 시험 수준에 맞춰서 공부해야 합니다.

저는 학생의 수학 성취도별로 개념서와 문제집을 다음과 같이 추천합니다.

중등

성취도	개념서	문제집
하	『개념원리』	『RPM』 → 『쎈수학』(A, B단계)
중	『개념원리』	『RPM』 → 『쎈수학』(B, C단계)
상	『개념원리』	『쎈수학』(B, C단계) → 『블랙라벨』(모든 문제)

고등

성취도	개념서	문제집
하	『기본정석』	『RPM』 → 『쎈수학』(A, B단계)
중	『기본정석』	『쎈수학』(A, B단계) → 『고쟁이』(1, 2단계)
상	『기본정석』 또는 『실력정석』	『쎈수학』(B, C단계) → 『고쟁이』(모든 문제)

중등 과정의 개념서는 똑같이 한 권이지만 고등 과정에서는 처음 공부할 때 개념서로 『기본정석』을 하고 그다음 한 번 더 문제풀이 할 때는 『실력정석』을 사용하는 방법을 추천합니다. 고등 과정은 대학 입시와 직접 연결된 과목이어서 학생 수준도 고려하지만 나중에 시험 난이도를 고려해 문제 풀이 수준을 고려하는 것이 좋습니다.

선행은 일반적으로 각 과정별로 두 번만 진행하는 것이 좋습니다. 처음에는 개념 공부와 기본적인 문제 풀이를 한 다음에 다시 개념 공부를 하면서 이때 처음부터 약간 난이도 있는 문제집을 택하는 것이 효과적입니다.

처음부터 개념 공부를 하면서 어려운 문제까지 동시에 풀 수 있다면 수학 실력이 아주 좋은 학생입니다. 하지만 대부분 학생은 그렇지 못하며, 이는 당연합니다.

초등 수학 문제집

	이름	디딤돌 초등수학 기본
	출판사	디딤돌
	특징	가장 쉬운 단계에 속하는 교재로 수학에 흥미가 없거나 기초가 부족한 학생들에게 적합하다. 수학의 기본기를 다지는 데 충실한 문제집.
	이름	디딤돌 초등수학 기본+응용
	출판사	디딤돌
	특징	개념과 문제 풀이가 깔끔하게 정리되어 있어 모든 학생에게 추천할 만하다.

	이름	우공비
	출판사	신사고
	특징	중간 정도의 난이도 문제집. 개념과 문제 풀이가 잘 정리되어 있다.
	이름	최상위수학
	출판사	디딤돌
	특징	일반적인 문제와 함께 사고력이 필요한 문제들이 포함되어 있는 심화 문제집. 고난이도 문제 해결 능력을 키우고 싶은 학생에게 적합하다.
	이름	최고수준 초등
	출판사	천재교육
	특징	『최상위수학』과 비슷한 수준의 심화 문제집. 고난이도 문제 해결 능력을 키우고 싶은 학생에게 추천.

중등 수학 문제집

	구성	난이도	유형내용설명	선행용	내신용	내용
R P M	유형 익히기	하	X			간단한 유형별 설명이 되어 있고 이에 대한 기본적인 문제들로 구성되어 있음.
	유형UP	중상	○	○	○	난이도는 중 또는 가벼운 상 문제로 어렵지 않아서 반드시 풀어야 함.
	중단원 마무리	중	X			난이도 중상인 문제가 4문제 정도 있지만 다른 문제들은 평이함.
쎈 수 학	A단계	하 (단순계산 문제)	X			매우 쉬운 기초적인 연산 문제, 수학 머리가 없는 학생은 필수로 풀어야 함.
	B단계	중상	○	○	○	유형별로 난이도가 하/중/상으로 되어 있으며 난이도 상 문제는 반드시 풀어야 함.
	C단계	상	X			처음 개념 문제를 풀 때는 풀지 말고, 다음번 심화 문제 풀이할 때 풀어도 됨.
블 랙 라 벨	1STEP	하 또는 중	X			쉬운 문제도 있지만, 전반적으로 쉽지 않다.
	2STEP	중상	X		○	유형으로 분류되어 있지만 기본 유형 문제 풀이보다는 난이도 중~상 문제 풀이.
	3STEP	최상	X			난이도 최상 문제.
고 쟁 이	1STEP	하	○			유형별로 설명되어 있고 이에 대한 기본적인 문제들로 구성되어 있음.
	2STEP	중상	X		○	유형 제목으로 문제들이 구성되어 있고 난이도는 중상 정도로 구성되어 있음.
	3STEP	최상	X			난이도가 최상인 문제로 구성되어 있음.
에 이 급 수 학	STEP C	하 또는 중	X			난이도가 하 또는 중인 문제들로만 구성.
	STEP B	중	X		○	유형별로 정리되어 있지 않고, 문제들로만 구성되어 있음.
	STEP A	상	X			난이도 상 문제들로만 구성되어 있음.

132

How

문제집	구성과 난이도	내용
쎈수학	A단계 - (하) B단계 - (중) C단계 - (상)	유형 문제 풀이에 좋은 교재.
고쟁이	1STEP - (하~중하) 2STEP - (중) 3STEP - (상)	2STEP부터는 난도가 꽤 있으며, 내신 대비에 매우 적합한 교재.
올림포스 전국연합학력평가 기출문제집	유형연습 - (하~중하) 1등급 도전 - (상)	모의고사 기출문제가 있어서 내신에 도움이 되는 교재.
TOT	1STEP - (하) 2STEP - (중) 3STEP - (상)	상위권 학생들에게 적합한 교재.
올림포스 고난도	내신필수문제 - (하) 고득점문제 - (중) 1등급문제 - (상)	상위권 학생이 기본 내신 교재를 공 부한 후에 풀면 좋은 교재.

문제집	구성	내용
자이스토리	-개념확인문제 -기출문제 -기출변형문제 -내신기출 변형 서술형 문제 -단원별 모의고사	가장 많이 쓰이는 수능문제집 중 하나. 많은 양의 기출문제가 유형별로 정리가 잘되어 있으며 여러 가지 풀이 방법을 제시해 준다.
마플수능기출 총정리	-최근 1개년도/10개년도/20개 년도 교육청, 평가원, 수능, 사 관학교/경찰대 기출문제 -오답률 높은 기출문제	역시 가장 많이 쓰이는 수능문제집 중 하나. 많은 양의 기출문제가 유형별/난 이도별로 잘 정리되어 있다.
EBS 수능특강	-개념정리 -예제&유제 -level 1~3 -대표기출문제	문제 수가 많지 않아 효율적인 학습이 가능하다.
마더텅 기출문제집	-기본개념문제 -유형정복문제 -최고난도문제 -경찰대/사관학교 기출문제	최근 5개년 수능, 모의평가, 전 문항이 수록되어 있어 매우 두꺼운 편이며 해 설도 아주 자세하다.
수능기출의 미래	-수능유형별 기출 -도전1등급 문제 -경찰대/사관학교 기출문제	적은 양으로 효율적인 학습을 하고자 할 때 적합하다.
N기출	-핵심개념 -배점별 문제	3점 집중/4점 집중 별로 문제집이 분리 가 되어 있어서 학생 수준에 따라 전략 적으로 공부할 수 있다.

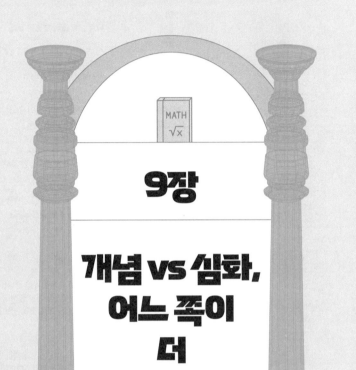

9장

개념 vs 심화,
어느 쪽이
더
효과적일까?

선행이 실패하는 이유

선행 학습을 하다가 실패를 경험하는 경우가 종종 있다 보니 선행 학습이 필요 없다고 단정 짓는 분들도 있습니다. 하지만 이는 선행 학습을 올바르게 진행하지 않았기 때문일 가능성이 큽니다. 선행 학습의 핵심 원칙은 개념을 철저히 이해한 뒤, 이를 바탕으로 심화 과정까지 체계적으로 마무리하는 데 있습니다.

이때 개념으로만 일단 진도를 나간 후 나중에 한꺼번에 심화를 할지 아니면 개념을 학습하는 동시에 심화 과정도 공부할지를 궁금해합니다. 학습 순서를 이야기하기 전에 개념 학습과 심화 학습의 의미부터 살펴보겠습니다.

개념 공부는 일단 개념 공식을 배우고 학생 실력에 맞는 문제집을 같이 푸는 단계까지를 말합니다. 문제를 풀었을 때 성취도가 평균적으로 70% 정도가 나와야 합니다. 평소 수학 실력이 뛰어나지 못한 학생도 50%는 나올 수 있도록 학습해야 합니다. 이것이 개념 공부입니다. 개념서 하나만 가지고 개념을 공부하는 것은 개념 공부라고 할 수 없습니다. 반드시 문제집 풀이를 병행해야 합니다.

심화 공부는 개념 공부를 한 번 더 하는 것을 말합니다. 한단계 더 높은 수준을 공부하는 만큼 한 번 공부해서는 이해가 잘 안 될 수 있습니다. 개념서를 다시 한 번 사용해도 상관없지만, 문제집은 난이도를 조금이라도 올려야 합니다. 처음 개념 공부할 때 사용한 문제집과 난이도가 같으면 심화 공부가 아닙니다. 더 확장된 개념과 문제를 풀어야 합니다. 그래야 실력이 향상됩니다.

학습 시간에 좀 여유가 있다면 당연히 개념을 먼저 공부하고 나서 심화를 하는 것이 좋습니다.

많은 분들이 선행 학습을 단지 진도를 빨리 빼는 것으로 잘못 생각하고 부정적으로 바라봅니다. 선행 공부는 이미 배운 내용을 바탕으로 나중에 나올 새로운 개념과 함께 문제를 푸는 과정입니다. 오로지 개념만 학습하면 이 개념들이 문제 풀이에 어떻게 적용되는지를 정확하게 알기 어렵습니다. 즉, 수학의 기초가 다져지지 않습니다.

개념만 공부하고 나아가면 문제 풀이에서 계속해서 어려움을 겪을 수 있습니다. 기본 개념과 공식을 배우고 쉬운 문제들만 풀면서 진도를 나가면, 결국 선행 학습이 제대로 이루어진 것 같지만, 이는 잘못된 접근입니다. 진정한 선행 학습은 개념을 이해한 후, 그 개념을 활용한 문제 풀이와 심화 학습을 병행해야만 효과를 볼 수 있습니다.

	개념 공부	심화 공부
교재	『개념원리』(개념서) 『RPM』(문제집)	『최상위수학 라이트』(개념서) 『쎈수학』 또는 『블랙라벨』(문제집)

내용	_	• 문제집은 철저히 학생 수준에 맞는 것으로 선택합니다.
		• 심화 공부할 때 개념 공부에 사용한 개념서를 다시 활용해도 됩니다.
		  이때는 문제집을 2권으로 하는 것이 좋습니다.
		• 개념 공부를 한 후 백지 테스트를 합니다.
		• 문제집을 풀면서 오답을 정리합니다.
		  → 이 내용만 꼭 지키면 성공적인 개념 + 심화 공부가 됩니다.

중학교 3학년이 되기 전에 선행 학습을 한다면 꼭 개념을 공부한 뒤 심화 공부하는 것을 원칙으로 삼아야 합니다. 그러지 않으면 선행을 한다고 해도 개념을 제대로 이해하지 못해 수학을 어렵게 생각하는 원인이 됩니다.

예외적으로 개념 학습만이라도 진도를 나가야 할 때가 있습니다. 바로 중3, 즉 예비 고1일 때입니다. 중3 정도면 스스로 공부하는 방법도 알고 개념 공부에 걸리는 시간도 줄어듭니다. 중3인데 진도가 늦은 상황이라면 고등학교 입학 전에 최대한 개념을 많이 익히기 위해 개념 공부로만 진도를 나갈 때도 있습니다. 이렇게라도 해 두면 고등학교에 들어간 후, 내신이나 수능 문제 풀이에 도움이 됩니다.

개념에서 심화로

고등 과정도 원칙은 반드시 개념에서 출발해 심화로 나아가야 합니다. 고등 과정인 대수, 미적분1, 확률과 통계는 분량이 매우 많고 어렵습니다. 개념만 익히고 나서 모두 이해했다고 말하는 학생은 많지 않습니다.

고1 예원이는 『기본정석』으로 고등 과정을 공부한 후 기본 유형 문제를 풀고 나서 연습 문제를 풀었을 때 막히는 경우가 많습니다. 그래서 수업시간에 연습 문제를 거의 다 설명해 줘야 합니다. 이렇게 공부하면 효과가 없습니다. 억지로 머릿속에 집어넣는 상황입니다. 학생이 공부하고 나서 문제를 풀 때 성취도를 70%로 봅니다. 하지만 이 상황에서는 성취도가 30~40% 정도에 불과합니다. 심지어 평소 수학을 어려워하던 학생은 하나도 모르겠다고 하소연합니다.

반면에 서이는 처음 『기본정석』으로 공부할 때 연습 문제를 아예 풀지 않습니다. 본문과 『RPM』만 공부합니다. 『RPM』 교재는 고등 과정 교재의 유형별 문제 풀이 교재 중 제일 쉬워서 학생들이 비교적 잘 따라옵니다. 이런 교재로 단계별로 공부하면 성취도를 70%까지 올릴 수 있습니다. 이러한 방법으로 맨 처음에는 『기본정석』 본문과 『RPM』으로 공부한 후에 한 번 더 문제 풀이로 복습할 때 『기본정석』 연습 문제를 풀게 합니다. 그러면 학생들이 스스로 문제를 풀어 나가면서 성취도가 많이 올라갑니다.

	개념 교재	심화 교재
성취도 하	『기본정석』(개념서), 『RPM』	『쎈수학』 B단계
성취도 상	『기본정석』(개념서), 『쎈수학』	『블랙라벨』 또는 『고쟁이』

특히 저학년 학생들은 처음 고등 과정을 선행할 때 『기본정석』 본문과 연습 문제를 동시에 하면 안 됩니다. 연습 문제의 내용 풀이를 이해하기 힘들어하기 때문입니다. 기본 문제 풀

이와 기본적인 유형 문제 풀이를 문제집에서 충분히 연습한 다음에 난이도를 높인다면, 학생 스스로 풀어 나갈 수 있습니다. 『기본정석』을 한 번에 다 풀어야 한다는 고정관념을 버려야 합니다.

결론적으로 고등 과정은 선행할 때, 필수적으로 개념 학습한 후 심화를 꼭 해야 합니다. 여기서 심화라는 것은 어려운 문제를 푸는 과정이 아닙니다. 개념을 한 번 더 정리하는 과정으로 생각하세요.

심화 과정은 배운 공식과 개념을 좀 더 내 것으로 다지는 목적으로 공부하는 것입니다. 개념 공부를 마친 후, 기본적인 문제 풀이를 통해 개념을 적용해 보고, 그 후 다시 개념을 되새기며 다져야 합니다. 그런 다음 처음에 다룬 문제보다 난이도가 높은 문제집으로 학습을 이어 가면, 점차적으로 실력이 향상됩니다.

심화 교재를 선택하는 법

수학에서 말하는 '심화 교재'는 단순히 어려운 문제가 수록

된 교재를 의미하지 않습니다. 심화는 배운 개념을 더 깊이 이해하고, 문제를 풀면서 그 개념을 확장하고 연습하는 과정입니다. 따라서 심화 교재는 단지 난이도가 높은 문제집이 아니라, 배운 개념을 좀 더 다양하게 적용해 보는 문제를 모아 놓은 교재입니다.

모든 학생에게 적합한 심화 교재는 없습니다. 수학에 능숙한 학생과 그렇지 않은 학생은 각기 다른 교재를 사용해야 합니다.

• 수학 머리 좋은 학생은 더 어려운 문제를 풀어야 합니다. 기본 개념과 기초 문제는 이미 탄탄히 다져 놓았기 때문에, 『블랙라벨』, 『고쟁이』, 『에이급 수학』, 『최상위 수학』 같은 상위 수준의 교재를 푸는 것이 더 효율적입니다. 이 학생들은 난이도 높은 문제를 풀면서 실력을 더 키울 수 있습니다.
• 수학에 능숙하지 않은 학생은 기본부터 시작하여 점차 난이도를 높여 가는 방식이 필요합니다. 쉬운 문제집을 충분히 풀어서 확실히 마스터한 후에 조금 더 어려운 교재로 넘어가는 것이 좋습니다. 그 과정에서 심화 교재는 수준에 맞는 적당한 난이도를 선택하는 것이 중요합니다. 예를 들어 『쎈

수학』B단계나『우공비』실전편 등이 적합할 수 있습니다.

중등

	선행 심화 문제집	내신 심화 문제집
성취도 하	『RPM』, 『쎈수학』, 『우공비 기본』, 『개념+유형 파워』	『쎈수학』, 『고쟁이』, 『블랙라벨』
성취도 상	『블랙라벨』, 『일품』, 『최상위 수학』, 『고쟁이』, 『에이급 수학』	

고등

	선행 심화 문제집	내신 심화 문제집
성취도 하	『RPM』, 『쎈수학』	『고쟁이』, 『고난도 수학』
성취도 상	『고쟁이』, 『블랙라벨』	

심화 교재를 풀 때 한 권을 정해 완전히 익히는 것이 중요합니다. 여러 권의 비슷한 난이도의 교재를 동시에 풀면 중복되는 문제가 많고, 오답을 분석할 시간이 부족해지므로 효율적이지 않습니다.

예를 들어, 『RPM』, 『쎈수학』, 『우공비』실전편은 문제의 난이도가 비슷하므로, 한 권을 끝내고 나서 다른 교재로 넘어가는 것이 훨씬 더 효율적입니다.

선행 학습 과정에서 한 과정(한 권의 문제집)을 완료하는 데 필요한 기간을 잘 설정해야 합니다. 대개 2개월을 목표로 하면 효율적인 학습이 이루어질 수 있습니다(주 3회, 회당 3시간씩 수업하며 학생이 숙제를 병행했을 때).

기간을 늘린다고 성과가 좋아지지 않습니다. 학생들을 가르쳤던 경험을 돌이켜 봤을 때, 동일한 교재를 2개월, 3개월, 4개월로 나눠 학습해도 성취도에는 큰 차이가 없었습니다. 오히려 학습 기간이 짧을수록 학생의 집중력과 효율이 좋았습니다. 시간을 길게 끌기보다는, 단기간에 한 과정을 완료하고 충분히 복습할 수 있도록 해야 합니다.

반복 학습은 완전한 이해에 도움을 주지만, 과도한 반복은 오히려 학생의 학습 의욕을 떨어뜨릴 수 있습니다. 한 과정당 반복은 2회로 제한하는 것이 좋습니다. 동일한 과정을 세 번 이상 반복하면 학생은 지루함을 느끼고, 학습 의욕을 잃을 가능성이 커집니다. 2회 학습에서 성취도가 낮을 경우, 다음 과정으로 넘어가지 않고 부족한 부분을 찾아 철저히 보완하는 것이 더 낫습니다.

'백지 테스트'로
스스로 개념을 정리하는 법

심화를 나가기 전, 개념 먼저 확실히 해야 합니다.

배운 개념이 머릿속에 체계적으로 정리되지 않으면, 실제로 문제를 풀 때 이를 떠올리거나 적용하기 어렵습니다. 이때, 백지 테스트를 활용하면 좋습니다. 백지 테스트란 말 그대로 수학의 정의, 공식, 성질을 백지에 써 내려가는 것을 말합니다.

개념과 공식을 정리해 두면 다음과 같은 점이 유리합니다.

첫째, 자기 주도적 개념 공부를 할 수 있다.

둘째, 오답 풀이를 할 때 헷갈리거나 까먹은 개념을 쉽게 찾아서 정리하기가 쉽다.

셋째, 문제 풀이할 때 공식이 쉽게 잘 떠오른다.

넷째, 연계된 개념과 공식을 정리하기가 쉽다.

KHJ M	백지 테스트		
	날짜	8/2 (금)	범위

1. 집합의 연산법칙.

① $A \cup B = B \cup A$ $A \cap B = B \cap A$ [교환법칙]

② $(A \cup B) \cup C = A \cup (B \cup C)$ }
   $(A \cap B) \cap C = A \cap (B \cap C)$ [결합법칙]

③ $A \cup (B \cap C) = (A \cup B) \cap (A \cup C)$ }
   $A \cap (B \cup C) = (A \cap B) \cup (A \cap C)$ [분배법칙]

④ $A \cup A = A$ $A \cap A = A$

⑤ $A \cup (A \cap B) = A$ $A \cap (A \cup B) = A$

⑥ $A \cup \emptyset = A$ $A \cap U = A$

⑦ $A \cup U = U$ $A \cap \emptyset = \emptyset$

⑧ $A \cup A^c = U$ $A \cap A^c = \emptyset$

⑨ $(A^c)^c = A$

⑩ $\emptyset^c = U$ $U^c = \emptyset$

⑪ $A - B = A \cap B^c$ ⟶ [차집합의 성질]

⑫ $(A \cup B)^c = A^c \cap B^c$ $(A \cap B)^c = A^c \cup B^c$ [⊆ 드모르간의 법칙]

2. 유한집합의 원소개수.

A, B 에 대하여

$n(A \cup B) = n(A) + n(B) - n(A \cap B)$

$* A \cap B = \emptyset$ 일때
$\downarrow$
$n(A \cup B) - n(A) + n(B)$

$n(A \cup B \cup C) = n(A) + n(B) + n(C) - n(A \cap B)$
$- n(B \cap C) - n(C \cap A)$
$+ n(A \cap B \cap C)$

KHJ

| 날짜 | | 범위 | |

왼쪽

1. 곱셈공식의 변형을 쓰시오

(1) 곱셈공식의 변형

① $a^2+b^2 = (a+b)^2 - 2ab$
$= (a-b)^2 + 2ab$

② $(a+b)^2 = (a-b)^2 + 4ab$

③ $(a-b)^2 = (a+b)^2 - 4ab$

(2) 두 수의 곱이 1인 식의 변형

① $a^2 + \dfrac{1}{a^2} = (a+\dfrac{1}{a})^2 - 2 = (a-\dfrac{1}{a})^2 + 2$

② $(a+\dfrac{1}{a})^2 = (a-\dfrac{1}{a})^2 + 4$

③ $(a-\dfrac{1}{a})^2 = (a+\dfrac{1}{a})^2 - 4$

[문제번호:]

2. 인수분해 공식을 쓰시오

(1) $a^2 + 2ab + b^2 = (a+b)^2$
$a^2 - 2ab + b^2 = (a-b)^2$

(2) $a^2 - b^2 = (a+b)(a-b)$

(3) $x^2 + (a+b)x + ab = (x+a)(x+b)$

(4) $abx^2 + (ad+bc)x + bd$
$= (ax+b)(cx+d)$

3. 문자가 여러개인 다항식의 인수분해

① 차수가 낮은 한 문자에 대하여

[문제번호: 내림차순으로 정리한다 아래 차수가
모두 같으면 어느 한 문자에 대하여
내림차순으로 정리한다.

② 공통인수를 묶어내거나 인수분해 공식을
이용하여 인수분해한다.

(10/14)

오른쪽

1. 이차방정식의 정의를 쓰세요

등식의 우변의 모든 항을 좌변으로 이항하여
정리하였을 때, (x에 대한 이차식) = 0 꼴이
되는 방정식을 x에 대한 이차방정식이라 한다.

2. 중근에 대해 쓰세요

(1) 이차방정식의 두 해가 중복될 때
이 해를 그 이차방정식의 중근이라 한다.

(2) 이차방정식이 (완전제곱식) = 0 꼴로
나타내어지면 중근을 갖는다.

3. 이차방정식을 구하는 방법에 대해 쓰세요

(1) 두 근이 α, β 이고 x^2의 계수가 a인
이차방정식은 $a(x-\alpha)(x-\beta) = 0$
$\Rightarrow a\{x^2 - (\alpha+\beta)x + \alpha\beta\} = 0$

(2) 중근이 α 이고 x^2의 계수가 a인 이차방정식은
$a(x-\alpha)^2 = 0 \Rightarrow a(x^2 - 2\alpha x + \alpha^2)$

9. 이차방정식의 근과 계수의 관계

1. 이차방정식의 근과 계수의 관계
 x에 관한 이차방정식 $ax^2+bx+c = 0$의 두 근을 α, β라고 하면

$$\alpha+\beta = -\frac{b}{a}, \quad \alpha\beta = \frac{c}{a}$$

2. 이차식의 인수분해
 x에 관한 이차방정식 $ax^2+bx+c=0$의 두 근을 α, β라고 하면

$$ax^2+bx+c = a(x-\alpha)(x-\beta)$$

3. 이차방정식의 켤레근
 이차방정식의 근에 제곱근이 있는 경우에는 근과 계수의 관계나 판별
 식을 이용하여 해결하는 것이 편하다.

4. 이차방정식의 실수 조건
 계수가 실수인 이차방정식의 두 실근을 α, β라고 할 때,

(1) 두 근이 모두 양수 $\Leftrightarrow D\geq0, \ \alpha+\beta>0, \ \alpha\beta>0$
(2) 두 근이 모두 음수 $\Leftrightarrow D\geq0, \ \alpha+\beta<0, \ \alpha\beta>0$
(3) 두 근이 서로 다른 부호 $\Leftrightarrow \alpha\beta<0$

5. 이차방정식의 두 실근 α, β에 대한 성질
 두 실근 α, β에 대하여

 음의 실근의 절댓값이 항상 크다 $\Leftrightarrow \alpha+\beta<0, \ \alpha\beta<0$
 음의 실근의 절댓값이 항상 작다 $\Leftrightarrow \alpha+\beta>0, \ \alpha\beta<0$
 절댓값이 같고, 부호가 서로 다르다 $\Leftrightarrow \alpha+\beta=0, \ \alpha\beta<0$
 「$\alpha\beta<0$ 이면 $D>0$」 이므로 실근을 가질 조건은 생각하지 않아도 된다.

10장

언제
선행 학습을
하면 좋을까?

수학이 싫어지는 이유

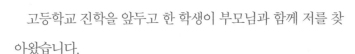

고등학교 진학을 앞두고 한 학생이 부모님과 함께 저를 찾아왔습니다.

"지연이는 선행을 어디까지 공부했니?"

"공통수학1까지 했어요."

"무슨 교재로 공부했고 얼마 동안 공부했나요?"

이야기를 듣고 있던 지연이 어머니가 말씀하십니다.

"공통수학1을 많이 어려워해서 그사이 학원을 두 번 바꾸며 공부했어요."

"그러면 학원을 세 군데 다니면서 공통수학1만 했다는 말씀이신가요?"

"네, 맞아요. 공통수학1을 잘 모르겠다고 해서 네 번 정도는 한 것 같아요. 그리고 주위에서 공통수학1은 최소 다섯 번 정도는 해야 한다고 해서요."

위 사례처럼 공통수학1만 몇 회를 반복해서 선행하는 경우가 더러 있습니다. 그래서 공통수학1로 수학 성취도를 테스트 보는 경우 꼭 물어봅니다.

"공통수학1을 몇 번 하셨나요?"

저는 그때마다 학생의 얼굴을 유심히 쳐다봅니다. '얼마나 힘들었을까?' 하는 생각이 들면서 안타까운 마음이 듭니다. 학생은 공통수학1을 네다섯 번 했는데도 문제를 잘 풀지 못합니다. 그러니 더 시무룩해집니다. 수학 공부의 어려움을 누구보다 제가 잘 알기 때문에 당장 학생을 위로하고 싶은 마음뿐입니다.

누구보다 수학을 잘하고 싶은 사람은 학생 자신입니다. 그런데도 부모님이 다그치기만 한다면 결국 학생은 수학에 대한 자신감을 잃고 싫어하게 될 수 있습니다. 해도 해도 끝이 없고 본 책을 또 봐야 하는데, 의욕이 없으니 전에 못 풀던 문제를 또다시 풀지 못합니다. 해결책도 없고 답답하기만 합니다.

학생은 테스트를 못 봐서 시무룩하고, 저는 이따가 학생이 집으로 돌아가 부모에게 혼나는 건 아닐까 마음이 아팠습니다. 학생하고 더 이야기하고 싶지만 상황이 여의치 않아서 일단 귀가는 시키지만 마음은 여전히 무겁습니다. 이 글을 읽는 학부모라면 학생이 겪는 공부의 어려움을 충분히 공감해 주기를 바랍니다.

공통수학1을 완벽히 알 때까지 성취도 100%를 목표로 하고 네 번, 심지어 다섯 번 반복 학습시키면 절대 안 됩니다. 한 과정을 100%로 이해한다는 것은 결코 쉽지 않습니다.

성취도는 70%

앞서 강조했듯이 선행 학습을 할 때 교과서 순서대로 과정을 진행하되, 성취도가 70%에 이르면 다음 단계로 넘어가도 괜찮습니다.

앞서 말했듯, 수학은 나선형 학습 원리에 맞춰 설계돼 있습니다. 점진적으로 심화되는 나선형 구조로 되어 있으며, 이전에 배운 개념들이 반복적으로 등장하고 점점 더 고차원적인 문제로 연결됩니다. 한 문제를 완벽히 이해하지 못했다고 해서 걱정할 필요는 없습니다. 그 문제는 나중에 다시 나올 것이므로 그때쯤 실력이 향상되어 쉽게 풀 수 있습니다.

그래서 학습한 문제를 풀 때, 처음에는 70%의 성취도를 목
표로 삼는 것이 좋습니다. 학생이 한 과정에서 100%의 성취도
를 목표로 설정하면 과도한 부담을 느낄 수 있습니다.

앞선 예와 같이 공통수학1을 네다섯 번 반복하는 것은 과도
한 반복일 수 있습니다. 학습이 효율적으로 이루어지지 않으
면 학생은 수학에 대한 자신감을 잃고 점점 더 지칠 뿐입니다.
점진적으로 개념을 쌓아 가며 성취도를 올리는 것이 중요합니
다. 성취도가 70%에 도달하면, 자연스럽게 다음 단계로 넘어
가도 문제가 없습니다.

성취도 70%는 평균치를 말합니다. 학생마다 수학 능력이 다
르기 때문에 각 학생에 맞는 성취도를 설정합니다. 예를 들어,
수학에 어려움을 겪는 학생은 50%의 성취도를 목표로 하여
점진적으로 실력을 쌓는 것이 바람직하고, 잘하는 학생은 성
취도를 100%로 설정하여 심화 학습을 할 수도 있습니다.

『RPM』, 『고쟁이』, 『기본정석』은 시리즈로 나온 교재입니
다. 처음에 『RPM』에서 정확히 이해하거나 풀지 못했더라도

그다음 교재에 다시 또 나오고, 고등 과정에서 다시 나옵니다. 이렇게 반복해서 연습하게 됩니다.

수학은 모든 내용이 서로 연결되어 있기 때문에 처음에는 완벽하지 않더라도 꾸준히 공부하면 점차적으로 부족한 부분이 채워지게 됩니다.

11장

방학 때는
선행,
학기중에는
심화

방학이 중요한 이유

———✏———

학기중에는 내신 관리와 심화 학습 위주로 하되, 방학 때는 선행 학습에 집중해야 합니다.

학기중에는 일단 내신 공부를 철저히 해서 시험을 잘 봐야 합니다. 중학교 1학년 1학기 때는 시험을 거의 보지 않고 1학년 2학기 때부터 본격적으로 시험을 치릅니다. 수학을 매우 어려워한다면 학기중에는 선행을 안 해도 됩니다. 중학교 1학년 2학기부터 2학년 2학기까지 선행할 자신이 없다면, 내신만 해도 됩니다. 내신을 충실히 준비해 내신 점수를 차츰 올려 가면서 자신감을 높이는 것도 괜찮은 전략입니다. 그런데 이런 경우에도 중3이 되면 선행을 시작해야 합니다.

중3은 내신보다 선행이 더 중요합니다. 선행 진도를 좀 나간 학생은 내신 공부를 많이 안 해도 됩니다. 왜 그럴까요? 공통 수학1 선행을 한 학생은 1학기 내신인 중등 3-1 수학 난이도가 쉽기 때문입니다. 2학기도 고교 입시로 인해서 내신 시험을 11월 초에 치르고 끝내기 때문에 학교 시험이 어렵지 않습니다. 그래서 중3 시기는 선행에 집중하기에 좋습니다.

	1학기	여름방학	2학기	겨울방학
중1	선행	선행 + 2학기 내신	선행 + 내신	선행
중2	선행 + 내신	선행 + 2학기 내신	선행(약) + 내신	선행
중3	선행 + 내신	선행	선행 + 내신	선행

다음은 수학을 어려워하는 학생들의 진도 계획입니다.

	1학기	여름방학	2학기	겨울방학
중1	선행	선행	내신	선행
중2	내신	선행	내신	선행
중3	선행 + 내신	선행	선행 + 내신	선행

수학을 어려워하는 학생이 학기중에 무리하게 선행 학습을 하면 선행과 내신 모두 놓칠 수 있습니다. 아직 수학 역량이 크지 않은 학생은 자그마한 그릇에 당장 채워야 할 급한 부분

부터 차곡차곡 채워 나갑니다. 계속 공부하다 보면 그 자그마하던 수학 그릇이 점차 커집니다.

고등학생들도 학기중에 선행 학습을 하기 힘듭니다. 내신 자체가 대학 입시 위주여서 학기중에는 대입 시험을 치르는 것과 같이 내신을 준비해야 합니다.

선행 학습은 방학을 잘 활용해야 합니다. 학기중에는 학교를 다니기 때문에 학생 스스로 공부할 수 있는 시간은 방과후 시간뿐입니다. 학교 과제와 시험을 보다 보니 내가 하고 싶은 다른 공부를 충분히 할 여유가 거의 없습니다.

특히 겨울방학에 집중해야 합니다. 겨울방학은 두 달이나 됩니다. 여름방학은 3주밖에 안 돼 선행을 충분히 나갈 수 없습니다. 한 과정을 끝내는 것도 버거울 수 있습니다. 수학이 유독 어려운 학생, 계획한 로드맵보다 진도가 느린 학생은 특히 이 시기를 잘 활용해야 합니다. 학생 혼자 선행이 힘든 경우, 학원이나 개별 지도 수업을 받아서 다음 학기를 대비할 수 있습니다.

방학은 선행에서 절대 놓치면 안 되는 기간입니다. 거꾸로 말하면 이 기간을 잘 활용하면 뒤처진 수학 실력을 끌어올릴 수도 있습니다.

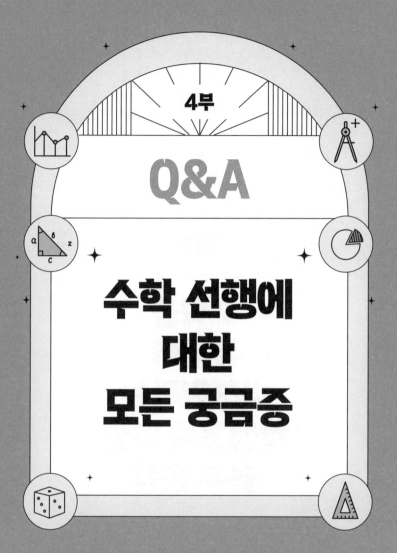

4부

Q&A

수학 선행에
대한
모든 궁금증

Q1.

수학을 유난히 어려워하는 학생들을 위한 공부 전략

수학을 매우 어려워하는 학생이라면, 수학에 대한 호기심과 흥미를 먼저 불러일으킨 뒤, 차근차근 실력을 쌓게 해야 합니다.

1. 만화책 읽듯 개념서 반복하기

개념서는 자기 수준에 맞는 것을 골라 반복하는 것이 좋습니다. 중등 개념서로는 『숨마쿰라우데』, 고등 개념서로는 『개념원리』가 있습니다. 처음에는 개념과 공식을 외우려고 하지 말고 그저 반복해 읽으면서 익숙해지는 것이 중요합니다.

개념서에는 보통 설명과 예시 문제가 함께 나옵니다. 이 문제들을 풀다 보면 점차 수학의 기본 개념에 친숙해집니다. 중요한 점은 굳이 어려운 문제부터 접근해 좌절감을 느끼지 않도록 합니다. 쉬운 문제부터 풀어 작은 성취감을 느껴 가며 자신감을 키우는 것이 우선입니다.

2. 본인 수준에 맞는 문제집으로 시작

수학을 어려워하는 학생은 쉬운 문제집으로 시작해서 기초를 다진 후 조금씩 난이도를 높여 갑니다.

예를 들어 『쎈수학』으로 공부한다면, A스텝 문제부터 반복해서 푼 후 오답을 해결해 나간다면 자신감을 얻을 수 있습니다. 중요한 점은 오답을 꼭 기록하고 해당 문제를 반복해서 푸는 것입니다. 문제를 풀고 채점한 후 틀린 문제를 다시 풀면 실력이 쌓입니다.

3. 해설지의 풀이 과정과 비교하며 익히기

문제를 푼 후에는 해설지의 풀이 과정을 확인하며 비교하는 것이 중요합니다. 풀이 과정을 정확히 쓰는 연습을 통해 수학적 사고와 문제 해결 능력을 키울 수 있습니다.

처음에는 해설지를 보지 않고 한 번에 풀고 난 후 채점을 하고 틀린 문제를 해설지와 비교하여 풀이 과정을 똑같이 써 보는 연습을 합니다. 이 과정에서 문제 풀이의 정확성을 높일 수 있습니다.

해설지 따라 쓰기는 최소 다섯 번 이상 반복하며, 틀린 문제는 꼭 다시 풀어야 합니다. 문제 풀이 과정에서 실수를 줄이고, 정확한 개념을 적용하는 능력을 키울 수 있습니다.

4. 오답 풀이의 중요성

틀린 문제를 다시 푸는 것은 수학 실력을 키우는 데 중요한 역할을 합니다. 틀린 문제를 하루나 이틀을 넘기지 말고 다시 풀어 보는 습관을 들여야 합니다. 이때 중요한 점은 해설지의 풀이 과정을 익혀서 실수를 반복하지 않는 것입니다.

반복 학습을 통해 문제를 푸는 속도를 높이면 더 어려운 문제에도 자신감을 가질 수 있습니다. 이때 계획표를 짜서 일정한 시간에 오답 풀이를 하는 습관을 들이면 효과적입니다.

5. 계획표 작성

수학 공부를 효율적으로 하려면 계획표 작성이 필요합니다. 계획표에는 매일 풀어야 할 문제와 오답을 해결해야 하는 시간을 정해 놓아야 합니다.

수학을 어려워하는 학생들은 쉬운 문제부터 해결하면서 자신감을 먼저 높여야 합니다. 급하게 서두르지 않고 차근차근 단계를 밟아 가며 성취감을 쌓는 것이 먼저입니다.

Q2.

어려운
공통수학1,
한 번에
끝내기

고등 수학을 시작하면서 어려움을 겪는 학생이 많습니다. 이는 반복 학습만으로 해결할 수 없는 문제입니다.

2가지 원인을 꼽을 수 있습니다.

첫째, 과도한 선행 학습으로 중등 3-1 과정을 충분히 이해하지 못한 채 공통수학1로 바로 넘어가기 때문입니다.

둘째, 잘못된 교재 선택을 들 수 있습니다. 학생 수준에 맞지 않는 어려운 개념서를 사용하여 기초가 부족해진 탓일 수 있습니다.

다음과 같은 방식으로 공부하면 효과적입니다.

1. 중등 3-1 과정의 심화 학습 중요성

공통수학1을 잘하기 위해서는 중등 3-1 과정을 충분히 심화 학습해야 합니다. 중등 3-1 심화 과정에서 나오는 개념과 문제가 공통수학1에서 반복되므로 학습 부담이 줄어듭니다. 심화는 어려운 문제집을 푸는 것이 아니라 학생 수준에 맞는 문제를 체계적으로 학습하는 것입니다.

예를 들어 수학 실력이 보통인 학생은 『쎈수학』B단계 수준이면 충분하며, 수학 실력이 뛰어난 학생은 최상위 문제집으로 심화 공부를 할 수 있습니다.

2. 중등 3-2 과정 건너뛰기

중등 3-1 심화 후, 중등 3-2를 건너뛰고 공통수학1로 바로 넘어가야 합니다. 중등 3-2 과정은 공통수학1을 학습하면서 틈틈이 보완하는 방식으로 하는 것이 더 효과적입니다. 중등 3-2 학습 후 다시 공통수학1로 넘어가면 중등 3-1 내용을 잊어버리기 쉽기 때문입니다.

3. 적절한 교재 선택

공통수학1은 쉬운 개념서보다는 『정석』 같은 표준 교재로 시작하는 것이 바람직합니다. 반복 학습은 2회로 제한해야 하며, 처음부터 탄탄한 기초를 다지는 데 중점을 둡니다. 수학 실력이 부족한 학생도 『정석』에 나오는 개념 정리와 유형 풀이를 병행하면 충분히 학습할 수 있습니다.

공통수학1 학습의 성공 비결은 중등 3-1 심화에 달려 있습니다. 중등 과정에서 중등 3-1 심화를 탄탄히 다져 놓으면 공통수학1의 벽을 가뿐히 넘을 수 있습니다.

Q3.

오답노트가 아니라 오답파일이 정답

오답노트는 잘 활용하면 학습에 큰 도움이 되지만, 형식적이거나 비효율적으로 작성하면 오히려 시간만 낭비할 수도 있습니다. 아래는 오답노트 작성의 효과와 실질적인 활용 방법, 그리고 이를 통해 얻을 수 있는 학습 효과입니다.

오답노트는 다음과 같은 효과가 있습니다.

1. 약점 파악

틀린 문제를 분석하면서 자신의 약점을 명확히 파악할 수 있습니다. 개념 부족, 익숙하지 않은 유형, 단순 실수 등 오답의 원인을 정확히 알게 됩니다.

2. 반복 학습과 기억 강화

틀린 문제를 여러 번 푸는 과정을 통해 같은 실수를 반복하지 않도록 기억을 강화할 수 있습니다.

3. 문제 해결 능력 향상

다양한 오답 유형을 분석하며 문제를 해결하는 방법을 체계적으로 익힐 수 있습니다.

이때 효과적인 방법으로 해야 합니다. 비효율적으로 했을 때, 문제를 옮겨 적고 풀이를 일일이 작성하는 데 시간이 많이 걸리고, 이렇게 만든 노트를 활용하지 않고 방치하면 복습이 전혀 이루어지지 않습니다. 그래서 다음과 같은 방법으로 관리하면 효과적입니다.

1. 틀린 문제 표시와 관리

- 틀린 문제를 간단하게 (○, ×)로 표시하고 틀린 날짜를 기록합니다.
- 문제를 따로 옮겨 적지 말고, 원래 문제집에서 바로 복습합니다.

2. 반복 풀이를 통한 완전 학습

틀린 문제를 노트에 풀어 보고, 또 틀리면 하루나 이틀 후에 다시 풉니다. 정답이 나올 때까지 반복 풀이하며, 문제 해결 과정에서 해설지를 반드시 참고합니다. 풀이 과정과 해설지를 비교하여 자신의 풀이가 정확한지 확인합니다.

3. 오답 원인 분석

오답의 원인을 다음과 같이 구분하여 기록합니다.

- 단순 실수
- 개념 부족
- 유형 적용 실패
- 시간 부족

각 원인에 따라 필요한 보충 학습을 진행합니다. 예를 들어, 개념 이해가 부족했다면 개념서에서 해당 부분을 찾아 다시 내용을 확인합니다.

4. 반복 주기 설정

- 첫 번째 복습: 하루 또는 이틀 후
- 두 번째 복습: 일주일 후
- 최종 복습: 시험 직전

5. 유형별 정리

오답 문제가 반복되면 유형별로 분류합니다.

예) 이차방정식에서 근의 공식 적용 문제, 확률 계산에서 경우의 수 실수 문제

비슷한 유형을 묶어 한 번에 복습하면 효과적입니다.

오답노트의 진정한 목적은 '문제를 틀리지 않게 실수를 줄여 나가는 것'임을 기억하고, 반복 학습과 분석을 통해 내 것으로 만드는 데 중점을 두어야 합니다.

Q4.

공통수학1, 2
반복?
vs
대수, 미적분1
진도?

고등 수학을 시작하면 공통수학1과 공통수학2만 반복하면서 고민이 깊어집니다. 계속 반복할 것인지, 아니면 대수, 미적분1로 진도를 나갈 것인지를 놓고 결정하지 못합니다. 대답은 학년마다 달라집니다.

1. 공통수학1과 공통수학2에만 집중하는 학습에는 한계가 있다

- 공통수학1과 공통수학2를 서너 번 이상 반복하면 효과가 떨어집니다. 반복보다 오답 정리와 기초 개념 심화가 더 중요합니다. 이후에는 진도를 나가는 것이 좋습니다.
- 중학교 때 선행 진도를 나갔다면 중2 시기에는 공통수학1과

	과정
고1 내신 과목	공통수학1, 공통수학2
수능 과목	대수, 미적분1, 확통

공통수학2의 개념을 다지며 내신 관리에 중점을 둡니다. 중3 이상은 대수, 미적분1 등 심화 과정을 선행 학습해야 합니다.

2. 적절한 문제집 활용 및 학습 방법

- 공통수학1은 기본 개념서를 시작으로 『정석』, 문제집, 심화 문제집까지 3단계로 학습합니다. 개념서만으로는 학습량이 부족하며, 심화 문제집 풀이로 학습을 마무리합니다.

- 오답 정리는 틀린 문제를 다시 푸는 것이 아니라 개념을 재학습하는 데 초점을 둡니다.

- 각 과정별 최대 학습 횟수는 두 번이 좋습니다. 공통수학1과 공통수학2는 기본 개념 학습을 거쳐 심화 학습 단계로 진행하며 반복합니다. 이후 대수와 미적분1로 진도를 나가며 학습의 폭을 넓혀야 합니다.

3. 대수와 미적분1의 중요성

- 대수는 공통수학1과 비교해 학습량이 3배 이상 많으며, 지수·로그·삼각함수·수열 등 난해한 개념들이 포함됩니다. 대수와 미적분1은 수능 과목인 만큼 고난도 문제를 풀어 보는 연습이 필수입니다.

- 대수와 미적분1을 선행 학습한 이후 공통수학1과 공통수학 2를 복습하면 훨씬 쉽게 느껴집니다. 수능 대비 문제집으로 심화 학습을 일찍 시작하는 것도 좋은 방법입니다.

4. 학습 전략

- 대수와 미적분1을 학습한 후 공통수학1을 복습하면 훨씬 쉽게 풀립니다. 상위 개념 학습은 하위 개념에 대한 이해로 자연스럽게 이어집니다.
- 대수와 미적분1 심화 과정을 수능 대비로 진행하면 학습 효율이 높아집니다. 심화 공부를 할 때는 수능형 문제집을 활용해 목표를 정한 후 학습을 진행해야 합니다.
- 반복 학습보다는 다양한 문제 풀이 경험이 중요합니다. 한 과정을 지나치게 붙들지 말고 여러 과정을 순환하며 학습합니다.

고등 수학 학습은 각 과정을 두 번만 체계적으로 학습한 후 심화 과정을 진행하며, 선행 학습과 복습을 병행합니다. 반복 학습에만 의존하지 말고, 상위 개념 학습과 문제 풀이를 통해 수학 실력을 높여야 합니다.

Q5.

수학 학습 수준에 맞춘 공부 방법 (중등편)

학교 내신 성적과 문제집 풀이 능력을 바탕으로 학생의 수학 능력을 다음과 같이 네 단계로 구분할 수 있습니다.

최상위권	학교 수학 성적 상위 3% 내 『블랙라벨』 3스텝 성취도 70% 이상
상위권	학교 수학 성적 상위 4~11%(고등 내신 2등급 범위) 『블랙라벨』 3스텝 성취도 50~70% 사이
중위권	학교 수학 성적 상위 12~60%(고등 내신 3~5등급) 『블랙라벨』 2스텝 성취도 50% 『쎈수학』 B스텝 성취도 70% 『RPM』 성취도 80%
하위권	학교 수학 성적 60% 이상(고등 내신 6등급 이상) 『블랙라벨』 1스텝도 어려워함 『쎈수학』 B스텝 성취도 40% 이하 『RPM』 성취도 40% 이하

학생의 수준에 따라 수학 공부 방법과 전략은 크게 달라야 합니다. 상위권과 하위권 학생의 수준에 맞춘 맞춤형 학습이

효과적입니다. 아래는 학생들의 현재 수준을 기준으로 각 단계에서 효과적으로 수학 실력을 키우는 방법에 대한 구체적인 방법입니다.

1. 하위권: 기초 다지기

·학습 목표

기초 개념을 정확히 이해하고, 이를 문제 풀이에 적용하는 연습을 반복합니다. 긍정적인 경험을 통해 수학에 대한 두려움을 없애고 흥미를 키웁니다.

·교재 선택

쉬운 개념서 한 권과 기본 수준의 문제집을 선택합니다. 너무 많은 교재를 사용하는 것은 오히려 혼란을 초래합니다.

·반복 학습

한 문제를 완벽히 이해하고 풀이하는 데 집중합니다. 틀린 문제는 반복해서 풀어 정확히 이해할 때까지 연습합니다.

·긍정적 강화

잘못된 풀이를 비난하기보다는, 작은 성공도 칭찬하며 동기를 부여합니다. "잘했어! 여기까지 해결했네!" 같은 피드백을 전합니다. 개념을 쉽게 설명하고 학생이 스스로 답을 찾아가도록 도와준 경험이 많은 선생님이 필요합니다.

· 선행 학습 시작

기본 개념이 다져지면 선행 학습을 통해 장기적인 목표를 설정합니다. 단, 선행 학습이 부담스럽지 않게 진도를 조절합니다.

2. 중위권 학생: 도약의 단계

· 학습 목표

자신감을 갖고 상위권 수준의 난이도 있는 문제에 도전합니다. 심화 개념을 더욱 깊이 이해하고 이를 응용 문제에 적용합니다.

· 교재 활용

중간 난이도의 문제집과 함께 심화 문제를 포함한 교재를 추가합니다. 학교 진도 외에 한 단계 앞선 내용을 공부하며 자신감을 축적합니다.

· 공부 습관 강화

어려운 문제를 포기하지 않고 끝까지 풀어 보려는 습관을 들입니다. 해설지를 참고해 풀이 과정을 비교해 봅니다.

· 선행 학습 가속화

상위권 학생보다 빠른 진도를 목표로 설정합니다. 학교 진도와 선행 학습을 병행하며 문제 해결 능력을 키웁니다.

· 문제 풀이 속도 향상

난이도 높은 문제를 제한 시간 내에 해결하도록 연습합니다. 시간 관리 능력과 문제 해결의 정확성을 동시에 훈련합니다.

3. 상위권 학생: 고난도 문제 도전

· 학습 목표

킬러 문제, 복합 유형 등의 고난도 문제를 해결하는 능력을 키웁니다. 내신과 수능을 동시에 대비하며 실력을 관리합니다.

· 다양한 문제 접하기

심화 문제와 킬러 문제에 도전하며 풀이 속도를 높입니다. 고난도 문제의 풀이를 반복하며 패턴을 숙지합니다.

· 선행 학습 마무리

고등 과정의 선행 학습을 빠르게 마무리합니다. 내신 대비와 수능 대비를 병행하며 장기적인 계획을 수립합니다.

· 체계적인 복습

기존에 학습한 내용을 주기적으로 복습하며 잊지 않도록 관리합니다. 수학 공식과 개념을 시험 전날 급하게 보는 일이 없도록 꾸준히 복기합니다.

· 모의 시험 대비

다양한 모의고사 문제를 풀며 시험 환경에 익숙해지도록 훈련합니다. 시간 관리 능력과 문제 해결의 정확성 훈련을 통해 실전 감각을 키웁니다.

· 해설지 분석

스스로 풀기 어려운 문제는 해설지를 분석하며 풀이 과정을 익힙니다.

4. 최상위권: 완벽함 추구

· 학습 목표

모든 문제 유형에 대비하며 만점을 목표로 설정합니다. 수능에서 가장 높은 난이도의 킬러 문제를 놓치지 않기 위해 훈련합니다.

· 최상위 난이도 문제 도전

대학 입시 수준의 고난도 문제를 반복적으로 풀어 봅니다.

다양한 데이터와 자료를 활용해 새로운 유형에 대비합니다.

· 빠른 선행 후 복습 병행

선행 과정을 마친 후에도 주기적으로 복습해 완벽히 숙지합니다. 새롭게 출제될 수 있는 응용 문제를 대비합니다.

· 심화 개념 마스터

고등학교 과정을 넘어 심화된 수학 개념(미적분, 기하 등)을 체계적으로 학습합니다.

· 시간 관리 완벽 훈련

제한 시간 내에 모든 문제를 정확히 풀어내는 연습을 합니다. 실전과 동일한 조건으로 모의 시험을 반복합니다.

· 전문가 지도

고난도 문제를 지도할 수 있는 선생님과 함께 학습합니다. 스스로 해결할 수 없는 문제의 경우 전문가의 도움을 받아 정확히 이해합니다.

학생의 현재 실력을 정확히 진단하고, 자신의 학업 수준에 알맞은 교재와 학습 전략을 세우는 것이 중요합니다. 성급한 학습보다는 꾸준히, 올바른 방향으로 나아가는 것이 수학 실력을 쌓는 지름길입니다.

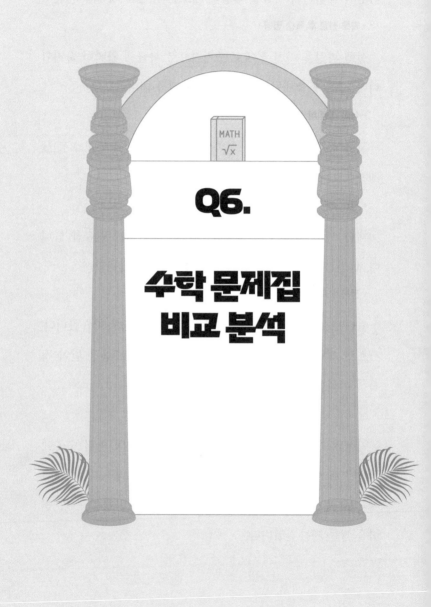

Q6.

수학 문제집
비교 분석

시중에는 다양한 문제집이 있지만, 각 학생의 수준에 맞는 문제집을 선택하는 것이 매우 중요합니다. 문제집마다 고유의 특징과 난이도가 있으므로, 학생의 수준에 맞는 교재를 골라 점차 난이도를 높여 갑니다.

문제집 선택의 원칙

1. 학생 수준에 맞게 시작하기

- 기초가 부족한 학생은 쉬운 문제집부터 시작하지만, 계속 쉬운 문제집만 풀면 수학 실력 향상이 어렵습니다. 도전을 통해 실력을 키워야 합니다.
- 수학을 잘하는 학생이라도 쉬운 문제를 통해 기본 개념을 탄탄히 다져야 합니다. 그런 다음, 어려운 문제에도 과감히 도전하며 실력을 키워야 합니다.

중등 문제집 5종 분석(8장에 나온 내용이나 이해를 돕고자 중복 수록함)

	구성	난이도	유형 내용 설명	선행 용	내신 용	내용
R P M	유형 익히기	하	X	○	○	간단한 유형별 설명이 되어 있고 이에 대한 기본적인 문제들로 구성되어 있음.
	유형UP	중상	○			난이도는 중 또는 가벼운 상 문제로 어렵지 않아서 반드시 풀어야 함.
	중단원 마무리	중	X			난이도 중상인 문제가 4문제 정도 있지만 다른 문제들은 평이함.
쎈 수 학	A단계	하 (단순계산 문제)	X	○	○	매우 쉬운 기초적인 연산 문제, 수학 머리가 없는 학생은 필수로 풀어야 함.
	B단계	중상	○			유형별로 난이도가 하/중/상으로 되어 있으며 난이도 상 문제는 반드시 풀어야 함.
	C단계	상	X			처음 개념 문제를 풀 때는 풀지 말고, 다음번 심화 문제 풀이할 때 풀어도 됨.
블 랙 라 벨	1STEP	하 또는 중	X		○	쉬운 문제도 있지만, 전반적으로 쉽지 않다.
	2STEP	중상	X			유형으로 분류되어 있지만 기본 유형 문제 풀이보다는 난이도 중~상 문제 풀이.
	3STEP	최상	X			난이도 최상 문제.
고 쟁 이	1STEP	하	○		○	유형별로 설명되어 있고 이에 대한 기본적인 문제들로 구성되어 있음.
	2STEP	중상	X			유형 제목으로 문제들이 구성되어 있고 난이도는 중상 정도로 구성되어 있음.
	3STEP	최상	X			난이도가 최상인 문제로 구성되어 있음.
에 이 급 수 학	STEP C	하 또는 중	X		○	난이도가 하 또는 중인 문제들로만 구성.
	STEP B	중	X			유형별로 정리되어 있지 않고, 문제들로만 구성되어 있음.
	STEP A	상	X			난이도 상 문제들로만 구성되어 있음.

2. 개념과 유형 설명이 있는 문제집 추천

- 개념이나 유형 설명이 있는 문제집은 문제를 푸는 과정에서 개념을 학습하기에 효과적입니다.
- 설명 없이 문제만 있는 문제집은 단원 종합문제나 모의고사 풀이에 적합하며, 초반 학습에는 권장하지 않습니다.

✚ 문제집 활용 방법

1. 개념 학습 병행

- 문제 풀이 전에 문제집에 나오는 개념과 유형 설명을 꼼꼼히 읽어야 합니다.
- 오답이 나온 경우에는 문제 풀이에만 집중하지 말고 해당 개념을 다시 공부해야 합니다.

2. 풀이 과정 점검

- 문제 풀이 후에 해설지와 자신의 풀이를 비교하며 이해도를 점검합니다.
- 문제를 풀면서 꾸준히 개념 학습을 병행하는 것이 중요합니다.

3. 3단계 문제 구성 활용법

- 대부분의 문제집은 쉬운 문제(1단계), 중간 난이도 문제(2단계), 어려운 문제(3단계)로 구성됩니다.
- 처음에는 1단계와 2단계 문제를 충분히 푼 후, 난이도가 높은 문제집으로 넘어가며 학습합니다.
- 이후 실력이 향상되면 다시 돌아와 3단계 문제에 도전할 수 있습니다.
- 처음에 어려운 문제를 풀지 못해도 괜찮습니다. 실력을 쌓은 뒤 다시 도전하면 풀립니다.
- 만약 반복적으로 어려움을 느낀다면, 자신의 학습 방법을 점검하고 새로운 방법을 시도해야 합니다.

위 내용을 참고하여 학생의 수준에 맞는 문제집을 선택하고, 체계적인 학습 계획을 세워 나갑니다.

Q7.

고등 과정의 도형을 잘하기 위한 준비

중학교 과정에서 도형과 함수의 중요성은 각각 다른 관점에서 평가됩니다. 중학교 도형은 공식과 정의를 정확히 이해하고 적용하는 것이 핵심인 반면, 함수는 고등학교 수학의 기반이 되는 학습 요소입니다. 중학생이 고등학교에서 도형을 포함한 수학 전반을 잘하고 싶다면, 도형보다는 함수 단원을 더 철저히 학습하는 것이 중요합니다.

1. 중학교 함수 학습이 중요한 이유

- 공통수학1의 도형(도형의 방정식)은 중학교 함수의 좌표 개념이 필수.
- 함수 그래프 이해는 고등 과정에서 미적분1, 대수 학습의 기초.
- 중학교에서는 함수가 연산 및 도형 단원보다 분량이 적고

시험에서 덜 다뤄지는 경향이 있음.

- 고등학교에서 좌표축, 그래프 이동, 함수의 성질 등을 배우려면 중학교 함수 학습이 선행되어야 함.
- 중학교 도형은 좌표 없이 문제 풀이, 고등학교는 좌표를 통해 도형을 다룸.

2. 중학교 도형과 함수의 차이

(1) 중학교 도형

- 특징: 좌표 없이 유클리드 기하학을 다룸.
- 학습 방법: 정의, 공식, 성질 등을 암기하고 문제 풀이에 적용.
- 활용: 고등학교에서는 개념만 남고 대부분 데카르트 기하학으로 전환.

(2) 중학교 함수

- 특징: 좌표를 그리며 함수의 그래프와 관계를 이해.
- 학습 방법: 좌표축을 그리고 그래프를 해석하며 문제를 풂.
- 활용: 고등학교의 도형(도형의 방정식), 대수, 미적분1 등 고등 수학 전반의 핵심이 됨.

3. 중학교 함수 학습 전략

(1) 기본 개념 이해

- x축, y축, 절편, 기울기.
- 1차 함수, 2차 함수의 정의와 그래프 그리기.
- 함수의 증가, 감소, 대칭성 등 그래프의 성질.
- 교재 활용:『개념원리』,『쎈수학』기본 유형 풀이.

(2) 그래프 그리는 연습

- 손으로 직접 그래프를 그리고, 좌표와 축의 변화를 명확히 표시.
- 함수식의 변화에 따른 그래프 이동(평행 이동, 축 대칭) 꾸준히 연습.

(3) 응용 문제 풀이

- 고난도 문제보다는 개념을 다루는 중난이도 문제 풀이.
- 함수가 포함된 도형 문제(예: 1차 함수의 교점과 거리 계산 등) 익히기.

(4) 오답 분석

- 단순히 틀린 문제를 다시 푸는 것이 아니라, 틀린 이유를 찾아서 분석하기.
- 개념적 약점을 보완하고 함수의 성질을 체계적으로 이해.

4. 도형 학습 전략

(1) 공식과 정의 암기

- 삼각형, 사각형, 원의 성질과 공식 정확히 암기.
  예: 삼각형 내각의 합, 피타고라스 정리, 원주각과 중심각의 관계 등.

(2) 응용 문제 풀이

- 중학교 도형 문제에서 개념을 적용하는 연습.
- 복잡한 도형 문제보다는 기초 공식을 바탕으로 풀이.

(3) 고등학교와 연결

- 도형의 방정식을 미리 학습하지 않아도 괜찮지만, 기본 도형 개념은 정확히 숙지.

5. 학습 순서 제안

- 중학교 함수: 좌표, 그래프 그리기, 성질 이해 → 다양한 문제 풀이.
- 중학교 도형: 정의와 공식을 암기하고 문제에 적용.
- 연산 능력 강화: 연산 속도와 정확도는 함수와 도형 모두의 기본.
- 심화 학습: 함수 문제에서 도형과 연결된 문제로 확장.

6. 학습 계획 예시

학습 목표	학습 내용	교재 추천
1단계: 함수 기본	좌표, 그래프 그리기, 1차·2차 함수의 성질	『개념원리』, 『쎈수학』 기본
2단계: 함수 응용	함수와 도형 문제, 교점 계산, 거리 문제	『RPM』, 『쎈수학』 유형별 문제
3단계: 도형 기본	삼각형, 사각형, 원의 정의 및 공식	『개념원리』, 『기본정석』
4단계: 도형 응용	공식을 활용한 문제 풀이	『쎈수학』 심화

고등학교 도형 학습의 성패는 중학교 함수 학습에 달려 있습니다. 좌표 평면과 함수 그래프의 기본을 확실히 다져야 고등학교에서 도형의 방정식과 다양한 함수 응용 문제를 수월하게 다룰 수 있습니다. 도형은 개념 위주로, 함수는 연습과 응용 위주로 접근하는 것이 효과적입니다.

Q8.

예비 중1을 위한 겨울방학 수학 준비 전략

예비 중1 학생들은 중학교 입학을 앞두고 마음이 설레는 한편, 약간의 두려움을 느낄 수도 있습니다. 수학에 대한 자신감을 가지고 중학교를 시작하고 싶다면, 겨울방학 동안 미리 준비해야 할 사항들이 있습니다.

1. 선행 학습 점검하기

선행 학습이 잘되어 있는지 점검해야 합니다. 다른 학생과 비교할 필요는 없습니다. 중요한 것은 자신에게 맞는 속도로 공부하는 것입니다. 아직 수학적 사고 능력이 완전히 발달하지 않은 시기이므로, 자신의 능력에 맞춘 선행 학습을 해야 합니다. 다만, 중학교 수학을 시작하기 전에 중등 1-1 과정은 반드시 선행해 두어야 학교에 가서 수학 공부에 자신감을 가지고 임할 수 있습니다.

2. 꾸준한 공부 습관 기르기

• 하루에 일정 시간을 정해 두고 공부하는 습관을 들여야 합니다. 하고 싶을 때만 공부하는 것은 오히려 학습에 방해될 수 있습니다. 학습 계획표를 작성해 매일 실천할 수 있도록 하세요.

• 문제를 풀 때, 풀이 과정을 정확하게 작성하는 연습을 해야 합니다. 틀린 문제는 반드시 해설지를 보고 같은 방식으로 풀이를 따라 써 보세요. 연습하다 보면 틀린 부분을 확실히 이해할 수 있습니다.

• 백지 개념 테스트는 학생이 스스로 개념을 정리하고 설명할 수 있는 능력을 기르는 데 유용합니다. 종이, 화이트보드 또는 태블릿을 활용해 개념을 써 보는 연습을 자주 해야 합니다. 이를 통해 자신이 이해한 개념이 확실한지 점검할 수 있습니다. 문제를 푸는 것보다 개념을 정리하고 반복하는 것이 이 시기에는 더 중요합니다.

3. 중등 전문 학원에 다니기

중학교 수학을 제대로 공부하려면 초등 전문 학원이 아닌, 중등 전문 학원에 다녀야 합니다. 초등 전문 학원에서는 중등 수학을 제대로 가르치지 못할 수 있습니다. 중학교 수학의 난이도와 학습 방식은 초등학교 수학과 다르기 때문에, 중등 전문 학원에서 중학교 분위기에 맞춰 공부하는 것이 중요합니다. 한 학원을 오래 다니는 것은 좋은 전략이 아닙니다. 중등 학원에서 제대로 된 수학 교육을 받는 것이 효과적입니다.

4. 선행 학습 계획 세우기

선행 학습은 속도에만 치중하기보다 차분하고 체계적으로 진행하는 것이 중요합니다. 중3 겨울방학까지 선행을 끝내고, 고등학교 수학에 대한 준비는 미적분1까지 하는 것이 적당합니다. 이 시기에 너무 급하게 선행을 하다 보면 흥미를 잃거나 역효과가 날 수 있습니다. 차근차근 개념을 쌓고, 중학교 과정을 충분히 이해하면서 선행 학습을 진행하는 것이 좋습니다.

5. 시험 대비 속도 연습하기

중학교에 가면 2학기부터 시험을 보게 됩니다. 시험에서는 제한 시간 내에 문제를 빠르고 정확하게 풀어야 하므로, 이를 대비해 빠르게 푸는 연습을 해야 합니다. 연산 문제집을 풀어 속도를 높이는 것도 중요하지만, 무엇보다 중요한 것은 정확한 개념 이해입니다. 개념을 완벽히 이해하면 풀이 속도는 자연스럽게 빨라집니다.

6. 바른 수학 공부 방법 익히기

겨울방학 동안 가장 중요한 것은 효과적인 수학 공부 방법을 익히는 것입니다. 수학 실력을 키우려면 단순히 문제를 많이 푸는 것만으로는 충분하지 않습니다. 개념을 정확하게 이해하고, 풀이 과정을 꼼꼼히 쓰고, 틀린 문제를 반드시 복습하는 등 체계적인 학습 방법이 필요합니다. 이 시기에 바른 학습 습관을 들이면, 중학교에서 자신 있게 수학을 시작할 수 있습니다.

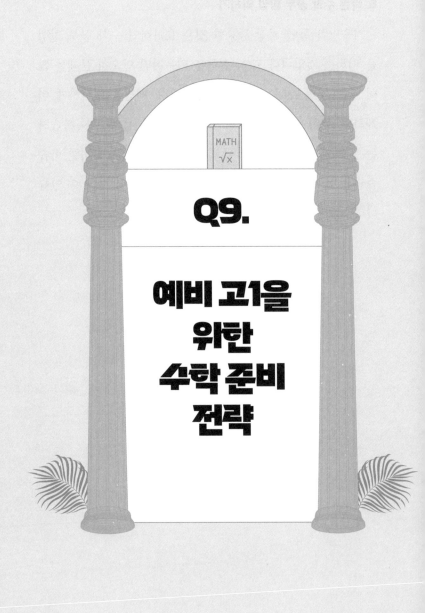

MATH
√x

Q9.

예비 고1을
위한
수학 준비
전략

11월이 되면 중3 학생들은 '예비 고1'이 되어 새로운 준비를 시작해야 합니다. 특히 수학 실력이 부족한 학생일수록 이 시기의 준비가 중요합니다. 다음은 예비 고1 학생들이 놓치지 말아야 할 준비 사항입니다.

1. 수학 실력 향상의 마지막 기회, 개념 공부

이 기회를 놓치면 고등학교에서의 수학 공부가 매우 어려워지므로, 반드시 미적분1까지 개념을 선행 학습해야 합니다. 개념 공부가 되어 있다면 문제 풀이도 가능하지만, 개념 없이 문제 풀이를 시작했다가는 수포자의 길로 들어설 수도 있습니다.

2. 내신과 수능 준비는 다르다

고등학교에 들어가면 내신과 수능을 위한 공부 내용이 다릅니다. 내신 과목은 공통수학2이며, 수능 과목은 대수, 미적분1,

이전 선행	11~12월	겨울방학
없음	공통수학1, 공통수학2	대수, 미적분1, 고1 내신 공부(공통수학1)
공통수학1	공통수학2, 대수	미적분1, 고1 내신 공부(공통수학1)
공통수학2	대수, 대수 심화	미적분1, 고1 내신 공부(공통수학1)
대수	미적분1, 미적분1 심화	확통, 고1 내신 공부(공통수학1)
미적분1	미적분1 심화, 확통	고1 내신 공부(공통수학1), 선택
확통	선택	선택, 고1 내신 공부(공통수학1)

확률과 통계입니다. 고등학교에서는 학기중에 내신과 수능을 대비해야 하므로, 수학 개념 공부를 미리 숙지해 두는 것이 필수적입니다.

3. 내신 대비는 기출문제로 집중

고등학교 내신을 대비하는 방법으로는 기출문제 풀이가 대표적입니다. 특히 강남권 고등학교 기출문제를 풀어 보는 것이 효과적입니다. 기출문제를 통해 내신 출제 경향을 파악하고, 그에 맞춰 집중적으로 공부할 수 있습니다. 예비 고1 학생들은 내신 준비를 할 때, 학교에서 나올 문제 유형에 맞는 문제집을 풀어야 합니다. 일반적인 심화 문제집보다는 내신에 맞춘 문제 풀이가 필요합니다.

내신 공부에 적합한 교재	『고쟁이』, EBS 모의고사 기출 교재
수능 공부에 적합한 교재	『자이스토리』, 모의고사 수능 기출 교재

4. 목적에 맞는 심화 공부

수학 심화 학습에서 중요한 점은 목적의식입니다. 내신을 준비할 때는 내신에 맞는 문제를 풀어야 하고, 수능을 준비할 때는 수능에 맞는 문제를 풀어야 합니다. 내신용 문제집과 수능용 문제집을 분리하여 사용하는 것이 효율적입니다.

5. 고등학교 수학 학습의 로드맵

고등학교에 들어가면 내신 공부를 하느라 시간에 쫓겨 선행 학습을 할 수 있는 기회가 매우 적습니다. 고1 여름방학, 고1 겨울방학, 고2 여름방학에만 선행 학습이 가능하며, 그 외에는 내신 준비에 집중해야 합니다. 고등학교 수학은 고2 겨울방학 때까지 수능 준비를 끝내는 것이 목표입니다. 고3 때는 수능 준비에 전념해야 하므로 고등학교 2학기 전까지 모든 수학 문제 유형을 공부해 둡니다.

	고1 1학기	고1 여름방학	고1 2학기	고1 겨울방학	고2 1학기	고2 여름방학	고2 2학기	고2 겨울방학
진도 내용	공통 수학1 내신		공통 수학2 내신		대수 내신		미적분1 내신	확통+ 수능 파이널 정리

❖ 학년별 진도표를 보신 후 유튜브 <대치동 수학퀸 김현정> 영상을 참고하셔서 학생 속도에 맞게 조정하시기 바랍니다.

❖ 중1은 자유학기제로 학생이 다니는 학교의 학사일정을 참고하시기 바랍니다.

부록

학년별
선행 로드맵

초5				초6				중1			
1학기	여름학기	2학기	겨울학기	1학기	여름학기	2학기	겨울학기	1학기	여름학기	2학기	겨울학기
5-2	5-2 심화	6-1	6-1 심화	6-2	6-2 심화	중등1-1	중등1-1 심화	중등1-2 +중등1-1 심화	중등2-1	중등2-1 심화+중등1-2내신	중등2-2
5-2 심화	6-1	6-1 심화	6-2	6-2 심화	중등1-1	중등1-1 심화	중등1-2	중등1-2 심화+중등1-1심화	중등2-1	중등2-1 심화+중등1-2내신	중등2-2
6-1	6-1 심화	6-2	6-2 심화	중등1-1	중등1-1 심화	중등1-2	중등1-2 심화	중등2-1+중등1-1심화	중등2-1 심화	중등2-2+중등1-2내신	중등2-2 심화
6-1 심화	6-2	6-2 심화	중등1-1	중등1-1 심화	중등1-2	중등1-2 심화	중등2-1	중등2-1 심화+중등1-1심화	중등2-2	중등2-2 심화+중등1-2내신	중등3-1
6-2	6-2 심화	중등1-1	중등1-1 심화	중등1-2	중등1-2 심화	중등2-1	중등2-1 심화	중등2-2+중등1-1심화	중등2-2 심화	중등3-1+중등1-2내신	중등3-1 심화+중등3-2
6-2 심화	중등1-1	중등1-1심화	중등1-2	중등1-2 심화	중등2-1	중등2-1 심화	중등2-2	중등2-2 심화+중등1-1심화	중등3-1	중등3-1 심화+중등1-2내신	공통수학1+중등3-2
중등1-1	중등1-1 심화	중등1-2	중등1-2 심화	중등2-1	중등2-1 심화	중등2-2	중등2-2 심화	중등3-1+중등1-1심화	중등3-1 심화	공통수학1+중등1-2내신	공통수학1 심화+중등3-2

	중2				중3			
	1학기	여름학기	2학기	겨울학기	1학기	여름학기	2학기	겨울학기
	중등2-2 심화+중등2-1 내신	중등3-1	중등3-1 심화+중등2-2내신	공통수학1+중등3-2	공통수학1 심화+중등3-1내신	공통수학2	공통수학2 심화+대수	대수심화+미적분1+공통수학1심화(고1내신대비)
	중등2-2 심화+중등2-1 내신	중등3-1	중등3-1 심화+중등2-2내신	공통수학1+중등3-2	공통수학1 심화+중등3-1 내신	공통수학2	공통수학2 심화+대수	대수심화+미적분1+공통수학1심화(고1내신대비)
	중등3-1+중등2-1 내신	중등3-1 심화	공통수학1+중등2-2 내신	공통수학1 심화+중등3-2	공통수학2+중등3-1내신	공통수학2 심화	대수+대수심화	미적분1+공통수학1심화(고1내신대비)
	중등3-1 심화+중등2-1 내신	공통수학1	공통수학1 심화+중등2-2내신	공통수학2+중등3-2	공통수학2 심화+중등3-1 내신	대수	대수심화+미적분1	확통+공통수학1심화(고1내신대비)
	공통수학1+중등2-1 내신	공통수학1 심화	공통수학2+중등2-2 내신	공통수학2 심화	대수+중등3-1내신	대수 심화	미적분1+공통수학1,2심화	확통+공통수학1심화(고1내신대비)
	공통수학1 심화+중등2-1 내신	공통수학2	공통수학2 심화+중등2-2내신	대수	대수심화+중등3-1내신	미적분1	미적분1 심화+공통수학1,2심화	확통+공통수학1심화(고1내신대비)
	공통수학2+중등2-1 내신	공통수학2 심화	대수+중등2-2내신	대수심화	미적분1+중등3-1내신	미적분1 심화	확통+공통수학1,2심화	복습+공통수학1심화(고1내신대비)

초6 진도 로드맵

초6				중1			
1학기	여름학기	2학기	겨울학기	1학기	여름학기	2학기	겨울학기
6-2	6-2 심화	중등 1-1	중등 1-1 심화	중등1-2 +중등1-1심화	중등2-1	중등2-1심화 +중등1-2내신	중등2-2
6-2 심화	중등 1-1	중등 1-1 심화	중등 1-2	중등1-2심화 +중등1-1심화	중등2-1	중등2-1심화 +중등1-2내신	중등2-2
중등 1-1	중등 1-1 심화	중등 1-2	중등 1-2 심화	중등2-1 +중등1-1심화	중등2-1 심화	중등2-2 +중등1-2내신	중등2-2심화
중등 1-1 심화	중등 1-2	중등 1-2 심화	중등 2-1	중등2-1심화 +중등1-1심화	중등2-2	중등2-2심화 +중등1-2내신	중등3-1
중등 1-2	중등 1-2 심화	중등 2-1	중등 2-1 심화	중등2-2 +중등1-1심화	중등2-2 심화	중등3-1 +중등1-2내신	중등3-1심화 +중등3-2
중등 1-2 심화	중등 2-1	중등 2-1 심화	중등 2-2	중등2-2심화 +중등1-1심화	중등3-1	중등3-1심화 +중등1-2내신	공통수학1 +중등3-2
중등 2-1	중등 2-1 심화	중등 2-2	중등 2-2 심화	중등3-1 +중등1-1심화	중등3-1 심화	공통수학1 +중등1-2내신	공통수학1심화 +중등3-2

중2				중3			
1학기	여름학기	2학기	겨울학기	1학기	여름학기	2학기	겨울학기
중등2-2심화+중등2-1내신	중등3-1	중등3-1심화+중등2-2내신	공통수학1+중등3-2	공통수학1심화+중등3-1내신	공통수학2	공통수학2심화+대수	대수심화+미적분1+공통수학1심화(고1내신대비)
중등2-2심화+중등2-1내신	중등3-1	중등3-1심화+중등2-2내신	공통수학1+중등3-2	공통수학1심화+중등3-1내신	공통수학2	공통수학2심화+대수	대수심화+미적분1+공통수학1심화(고1내신대비)
중등3-1+중등2-1내신	중등3-1심화	공통수학1+중등2-2내신	공통수학1심화+중등3-2	공통수학2+중등3-1내신	공통수학2심화	대수+대수심화	미적분1+공통수학1심화(고1내신대비)
중등3-1심화+중등2-1내신	공통수학1	공통수학1심화+중등2-2내신	공통수학2+중등3-2	공통수학2심화+중등3-1내신	대수	대수심화+미적분1	확통+공통수학1심화(고1내신대비)
공통수학1+중등2-1내신	공통수학1심화	공통수학2심화+중등2-2내신	공통수학2심화	대수+중등3-1내신	대수심화	미적분1+공통수학1,2심화	확통+공통수학1심화(고1내신대비)
공통수학1심화+중등2-1내신	공통수학2	공통수학2심화+중등2-2내신	대수	대수심화+중등3-1내신	미적분1	미적분1심화+공통수학1,2심화	확통+공통수학1심화(고1내신대비)
공통수학2+중등2-1내신	공통수학2심화	대수+중등2-2내신	대수심화	미적분1+중등3-1내신	미적분1심화	확통+공통수학1,2심화	복습+공통수학1심화(고1내신대비)

중1 진도 로드맵

중1				중2	
1학기	여름학기	2학기	겨울학기	1학기	여름학기
중등1-2 +중등1-1심화	중등2-1	중등2-1심화+ 중등1-2 내신	중등2-2	중등2-2심화 +중등2-1내신	중등3-1
중등2-1 +중등1-1심화	중등2-1 심화	중등2-2 +중등1-2 내신	중등2-2심화	중등3-1 +중등2-1내신	중등3-1심화
중등2-1심화+ 중등1-1심화	중등2-2	중등2-2심화+ 중등1-2 내신	중등3-1	중등3-1심화 +중등2-1내신	공통수학1
중등2-2 +중등1-1심화	중등2-2심 화	중등3-1 +중등1-2 내신	중등3-1심화	공통수학1 +중등2-1내신	공통수학1심화
중등2-2심화+ 중등1-1심화	중등3-1	중등3-1심화+ 중등1-2 내신	공통수학1	공통수학1심화 +중등2-1내신	공통수학2
중등3-1 +중등1-1심화	중등3-1 심화	공통수학1+중 등1-2내신	공통수학1심화	공통수학2 +중등2-1내신	공통수학2심화
중등3-1심화+ 중등1-1심화	공통수학1	공통수학1 심화 +중등1-2내신	공통수학2	공통수학2심화 +중등2-1내신	대수

중2		중3			
2학기	겨울학기	1학기	여름학기	2학기	겨울학기
중등3-1심화 +중등2-2내신	공통수학1 +중등3-2	공통수학1심화 +중등3-1내신	공통수학2	공통수학2심화 +대수	대수심화+미적분1 +공통수학1심화 (고1내신대비)
공통수학1 +중등2-2내신	공통수학1 심화 +중등3-2	공통수학2 +중등3-1내신	공통수학2 심화	대수+대수심화	미적분1+공통수학1 심화(고1내신대비)
공통수학1심화 +중등2-2내신	공통수학2 +중등3-2	공통수학2심화 +중등3-1내신	대수	대수심화 +미적분1	확통+공통수학1심화 (고1내신대비)
공통수학2 +중등2-2내신	공통수학2 심화	대수 +중등3-1내신	대수심화	미적분1 +공통수학1,2 심화	확통+공통수학1심화 (고1내신대비)
공통수학2심화 +중등2-2내신	대수	대수심화 +중등3-1내신	미적분1	미적분1심화 +공통수학1,2 심화	확통+공통수학1심화 (고1내신대비)
대수 +중등2-2내신	대수심화	미적분1 +중등3-1내신	미적분1 심화	확통 +공통수학1,2 심화	복습+공통수학1심화 (고1내신대비)
대수심화 +중등2-2내신	미적분1	미적분1심화	확통	복습 +공통수학1,2 심화	복습+공통수학1심화 (고1내신대비)

중2				
1학기	여름학기	2학기	겨울학기	
중등2-2+중등2-1내신	중등2-2심화	중등3-1+중등2-2내신	중등3-1심화+중등3-2	
중등2-2심화 +중등2-1내신	중등3-1	중등3-1심화 +중등2-2내신	공통수학1+중등3-2	
중등3-1+중등2-1내신	중등3-1심화	공통수학1+중등2-2내신	공통수학1심화 +중등3-2	
중등3-1심화 +중등2-1내신	공통수학1	공통수학1심화 +중등2-2내신	공통수학2+중등3-2	
공통수학1+중등2-1내신	공통수학1심화	공통수학2 +중등2-2내신	공통수학2심화	
공통수학1심화 +중등2-1내신	공통수학2	공통수학2심화 +중등2-2내신	대수	
공통수학2+중등2-1내신	공통수학2심화	대수+중등2-2내신	대수심화	

중3			
1학기	여름학기	2학기	겨울학기
공통수학1 +중등3-1내신	공통수학1심화 +공통수학2	공통수학2심화+대수	대수심화+미적분1 +공통수학1심화(고1내신대비)
공통수학1심화 +중등3-1내신	공통수학2	공통수학2심화+대수	대수심화+미적분1 +공통수학1심화(고1내신대비)
공통수학2 +중등3-1내신	공통수학2심화	대수+대수심화	미적분1+공통수학1심화 (고1내신대비)
공통수학2심화 +중등3-1내신	대수	대수심화+미적분1	확통+공통수학1심화 (고1내신대비)
대수+중등3-1내신	대수심화	미적분1 +공통수학1,2심화	확통+공통수학1심화 (고1내신대비)
대수심화 +중등3-1내신	미적분1	미적분1심화 +공통수학1,2심화	확통+공통수학1심화 (고1내신대비)
미적분1	미적분1심화	확통 +공통수학1,2심화	복습+공통수학1심화 (고1내신대비)

예비 중3 진도 로드맵(겨울학기 시작 기준)

중3		
1학기	여름방학	
공통수학1+중등3-1내신	공통수학1심화+공통수학2	
공통수학1심화+중등3-1내신	공통수학2	
공통수학2+중등3-1내신	공통수학2심화	
공통수학2심화+중등3-1내신	대수	
대수+중등3-1내신	대수심화	
대수심화+중등3-1내신	미적분1	
미적분1+중등3-1내신	미적분1심화	

중3	
2학기	겨울
공통수학2심화+대수	대수심화+미적분1+공통수학1심화(고1내신대비)
공통수학2심화+대수	대수심화+미적분1+공통수학1심화(고1내신대비)
대수+대수심화	미적분1+공통수학1심화(고1내신대비)
대수심화+미적분1	확통+공통수학1심화(고1내신대비)
미적분1+공통수학1,2심화	확통+공통수학1심화(고1내신대비)
미적분1심화+공통수학1,2심화	확통+공통수학1심화(고1내신대비)
확통+공통수학1,2심화	복습+공통수학1심화(고1내신대비)

❖ 다음은 수학을 공부할 때 '꼭 외워야 하는 중고등 수학 개념 120'입니다. 자녀가 직접 이 질문에 대한 답을 글로 쓰거나(백지 테스트) 말로 설명할 수 있게 해 주세요. 부모님이 질문한 후 자녀가 답하도록 지도해도 좋습니다.

❖ 절취선을 따라 오린 후 노트처럼 활용해 보세요.

❖ 각 질문에 대한 답은 오른쪽 큐알 코드에서 확인할 수 있습니다(1~3은 예시로 답 제시함).

부록

꼭 외워야 하는
개념·공식 120

다음은 중·고등 수학 교과 과정 목차입니다.

중등 수학 교육 과정

영역	학기	중1	중2	중3
수와 연산	1 학 기	소인수분해	유리수와 순환소수	제곱근과 실수
		정수와 유리수	식의 계산	다항식의 곱셈과 인수분해
변화와 관계		문자의 사용과 식의 계산	일차부등식	이차방정식
		일차방정식	연립일차방정식	이차함수와 그래프
		좌표평면과 그래프	일차함수와 그래프	
			일차함수와 일차방정식의 관계	
도형과 측정	2 학 기	기본 도형	삼각형과 사각형의 성질	삼각비
		작도와 합동	도형의 닮음	원의 성질
		평면도형의 성질	피타고라스 정리	산포도
		입체도형의 성질	경우의 수와 확률	
자료와 가능성		대푯값		
		도수분포표와 상대도수		

고등 수학 교육 과정(2028년도 수능부터/2025년도 고1부터 적용)

고1		고2,3				
공통과목		일반선택과목			진로선택과목	
공통수학1	공통수학2	대수	미적분Ⅰ	확통	미적분Ⅱ	기하
다항식	도형의 방정식	지수함수와 로그함수	함수의 극한과 연속	경우의 수	수열의 극한과 급수	이차곡선
방정식과 부등식	집합과 명제	삼각함수	미분	확률	미분법	공간도형과 공간좌표
경우의 수	함수의 그래프	수열	적분	통계	적분법	벡터
행렬						

| 중등1-1 | **1. 소인수분해**

1. 소인수분해를 이용하여 약수를 어떻게 구하는지 쓰세요.

> **정답** 자연수 A가 $A = a^m \times b^n$ (a, b는 서로 다른 소수, m, n은 자연수)으로 소인수분해 될 때
>
> ① A의 약수 : (a^m의 약수) $\times$ (b^n의 약수)
> ② A의 약수의 개수 : $(m+1) \times (n+1)$

| 중등1-1 | **2.정수와 유리수**

2. 정수, 유리수의 정의와 각각 분류 방법을 쓰세요.

> **정답** (1) 정수
> ① 양의 정수: 자연수에 양의 부호 +를 붙인 수
> ② 음의 정수: 자연수에 음의 부호 −를 붙인 수
> ③ 양의 정수, 0, 음의 정수를 통틀어 정수라 한다.
>
> $$정수 \begin{cases} 양의 정수(자연수) : +1, +2, +3, \cdots \\ 0 \\ 음의 정수 : -1, -2, -3, \cdots \end{cases}$$
>
> (2) 유리수
> ① 양의 유리수: 분모, 분자가 모두 자연수인 분수에 양의 부호 +를 붙인 수
> ② 음의 유리수: 분모, 분자가 모두 자연수인 분수에 음의 부호 −를 붙인 수
> ③ 양의 유리수, 0, 음의 유리수를 통틀어 유리수라 한다.
>
> $$유리수 \begin{cases} 정수 \begin{cases} 양의 정수(자연수) : +1, +2, +3, \cdots \\ 0 \\ 음의 정수 : -1, -2, -3, \cdots \end{cases} \\ 정수가 아닌 유리수 : +\dfrac{1}{3}, -\dfrac{3}{2}, +1.8, -0.7, \cdots \end{cases}$$

3. 절댓값의 정의와 그 성질에 대해 쓰세요.

> **정답** (1)절댓값
> 수직선 위에서 0을 나타내는 점과 어떤 수를 나타내는 점 사이의 거리를 그 수의 절댓값이라 하고, 기호로 | |를 사용하여 나타낸다.
> (2)절댓값의 성질
> ① 양수와 음수의 절댓값은 그 수에서 부호 +, −를 떼어 낸 수와 같다.
> ② 0의 절댓값은 0이다. 즉 |0|=0이다.
> ③ 절댓값은 항상 0또는 양수이다.
> ④ 수를 수직선 위에 나타낼 때, 0을 나타내는 점에서 멀리 떨어질수록 절댓값이 커진다.

4. 항, 상수항, 계수, 다항식, 단항식의 정의에 대해 쓰세요.

_____

_____

_____

5. 일차식의 덧셈과 뺄셈하는 방식에 대해 쓰세요.

_____

_____

_____

6. 등식의 성질 4가지를 쓰세요.

_____

_____

_____

7. 일차방정식의 해를 구하는 방법을 쓰세요.

_____

_____

_____

8. 소금물의 농도와 소금의 양을 구하는 식을 쓰세요.

_____

_____

_____

| 중등1-1 | **4.좌표와 그래프**

9. 좌표평면에 대해 설명하세요. (x축, y축, 좌표축, 원점, 좌표평면)

_____

_____

_____

10. 정비례 관계 $y = ax(a \neq 0)$ 그래프의 성질을 설명하세요.

_____

_____

_____

11. 반비례 관계 $y = \dfrac{a}{x}(a \neq 0)$ 의 그래프의 성질을 설명하세요.

_____

_____

_____

12. 삼각형의 합동 조건에 대해 쓰세요.

_____

_____

_____

13. 원주율의 정의와 구하는 법을 적으세요.

_____

_____

_____

14. 원의 둘레의 길이와 넓이를 구하고 설명하세요.

_____

_____

_____

15. 부채꼴의 호의 길이와 넓이 사이의 관계에 대해 적으세요.

_____

_____

_____

16. 구의 겉넓이와 부피를 구하는 방식을 쓰세요.

_____

_____

_____

17. 상대도수에 대해 쓰세요.

_____

_____

_____

18. 순환소수에 대해 쓰세요.

_____

_____

_____

19. 순환소수를 10의 거듭제곱을 이용해서 분수로 나타내는 법을 쓰세요.

_____

_____

_____

20. 지수법칙 네가지를 모두 쓰세요.

_____

_____

_____

21. 단항식의 곱셈과 나눗셈을 하는 방법을 쓰세요.

_____

_____

_____

22. 사칙계산이 혼합된 식을 계산하는 방법을 쓰세요.

_____

_____

_____

23. 부등식의 정의와 부등식의 표현을 모두 쓰세요.

_____

_____

_____

24. 부등식의 성질 3가지를 모두 쓰세요.

_____

_____

_____

25. 거리, 속력, 시간 구하는 식에 대해 쓰세요.

_____

_____

_____

26. 연립방정식의 해가 없는 경우를 설명하세요.

_____

_____

_____

| 중등2-1 | **4.일차함수**

27. 함수의 정의를 쓰세요.

_____

_____

_____

28. a, b의 부호에 따른 일차함수 $y = ax + b \, (a \neq 0)$의 그래프의 모양을 설명하세요.

_____

_____

_____

29. 두 그래프의 위치 관계와 연립방정식의 해의 개수를 설명하세요.

_____

_____

_____

| 중등2-2 | **1.삼각형의 성질**

30. 삼각형의 외심의 성질과 내심의 성질을 모두 쓰세요.

_____

_____

_____

31. 입체도형에서 닮은 도형은 어떤 성질이 있는지 쓰세요.

_____

_____

_____

32. 닮음비와 넓이의 비, 부피의 비 사이에는 어떤 관계가 있는지 쓰
  세요.

_____

_____

_____

33. 삼각형 무게중심의 정의와 성질에 대해 쓰세요.

_____

_____

_____

34. 피타고라스 정의를 쓰고 증명하세요.

_____

_____

_____

35. 경우의 수를 구하는 두 가지 방법을 쓰세요.

_____

_____

_____

36. 제곱근의 정의와 성질에 대해 쓰세요.

_____

_____

_____

37. 무리수의 정의와 소수의 분류에 대해 쓰세요.

_____

_____

_____

38. 제곱근의 곱셈과 나눗셈에 대해 쓰세요.

_____

_____

_____

39. 실수의 정의와 실수의 분류에 대해 쓰세요.

_____

_____

_____

| 중등3-1 | **2.다항식의 곱셈과 인수분해**

40. 다항식의 곱셈공식 4가지를 적고 전개하세요.

_____

_____

_____

41. 인수분해 정의에 대해 쓰고, 인수분해 식 대표 4가지를 쓰고 인
   수분해 하세요.

_____

_____

_____

| 중등3-1 | **3.이차방정식**

42. 이차방정식의 근의 공식을 유도하는 과정을 쓰세요.

_____

_____

_____

43. 이차방정식의 근의 개수는 어떻게 결정되는지 쓰세요.

_____

_____

_____

| 중등3-1 | **4.이차함수**

44. 이차함수 $y=ax^2+bx+c$의 그래프를 그리는 방법에 대해 쓰세요.

_____

_____

_____

| 중등3-2 | **1.삼각비**

45. 삼각비에 대해 모두 쓰세요.

_____

_____

_____

46. 30°, 45°, 60°의 삼각비의 값은 얼마인지 쓰세요.

_____

_____

_____

47. 0°, 90°의 삼각비의 값에 대해 쓰세요.

_____

_____

_____

48. 직각삼각형에서의 변의 길이를 구하는 방법을 쓰세요.

_____

_____

_____

| 중등3-2 | **2.원의 성질**

49. 삼각형의 내접원에는 어떤 성질이 있는지 쓰세요.

_____

_____

_____

50. 원주각의 크기와 호의 길이 사이에는 어떤 관계가 있는지 쓰세요.

_____

_____

_____

| 공통수학1 | **1.다항식의 연산**

1. 단항식과 다항식의 정의를 쓰고 예를 들어 설명하세요.

_____

_____

_____

2. 곱셈공식을 모두 쓰세요.

_____

_____

_____

3. 곱셈공식의 변형식을 쓰세요.

_____

_____

_____

4. 인수분해 기본공식을 다 쓰세요.

_____

_____

_____

5. 항등식의 정의를 쓰고 예를 들어 설명하세요.

_____

_____

_____

6. 미지수 x가 $ax+b=0$인 등식 이 항등식이 되기 위한 조건을 말하

고 증명하세요.

_____

_____

_____

7. 나머지정리 공식을 쓰고 증명하세요.

_____

_____

_____

8. 절대값의 성질을 쓰세요.

_____

_____

_____

9. a의 제곱근과 $\sqrt{a}$에 대해서 설명하세요.

_____

_____

_____

10. 분모의 유리화 방법에 대해서 설명하세요.

_____

_____

_____

11. 켤레복소수의 성질을 쓰고 증명하세요.

_____

_____

_____

12. 허수단위, 허수, 복소수에 대해 쓰세요.

---

13. x에 대한 일차방정식을 쓰고 해를 구하세요.

---

14. 이차방정식의 해법을 모두 쓰세요.

---

15. w에 대한 풀이식을 다 쓰세요.

---

16. 이차방정식의 근의 판별을 쓰고 설명하세요.

_____

_____

_____

17. 이차방정식의 근과 계수의 관계를 쓰고 증명하세요.

_____

_____

_____

18. 이차함수의 그래프와 판별식에 대해서 쓰세요.

_____

_____

_____

19. 이차함수의 그래프와 x축 위치의 관계를 쓰세요.

20. 이차함수의 최대 최소에 대해서 그래프를 그리고 설명하세요.

21. 삼차방정식의 근과 계수의 관계를 쓰고 증명하세요.

22. 연립방정식의 부정과 불능에 대해서 설명하세요.

23. 일차부등식 $ax > b$의 해를 구하세요.

---

24. 이차함수의 그래프와 이차방정식, 부등식의 해를 정리하세요.

---

25. 합의법칙과 곱의법칙에 대해서 설명하세요.

---

26. $_nP_r$ 변형식과 0! $_nP_0$의 정의를 쓰세요.

___

___

___

27. 행과 열, 행렬의 꼴, 정사각행렬을 설명하세요.

___

___

___

28. 행렬의 합, 차, 실수배를 설명하세요.

___

___

___

29. 중선정리를 쓰고 증명하세요.

_____

_____

_____

30. 선분의 내분점의 좌표를 쓰고 증명하세요.

_____

_____

_____

31. $ax+by+c=0$의 그래프에 대해서 설명하세요.

_____

_____

_____

32. 직선의 방정식에 대해서 모두 쓰세요.

_____

_____

_____

33. 원의 방정식의 표준형을 쓰세요.

34. 원과 직선의 위치관계를 쓰세요.

35. 교환법칙, 결합법칙, 분배법칙, 차집합의 성질, 드모르간의 법칙
을 제외한 모든 집합의 연산 법칙을 쓰세요.

36. 명제의 역, 대우 사이의 관계를 쓰세요.

_____

_____

_____

37. 충분조건, 필요조건, 필요충분조건에 대해서 설명하세요.

_____

_____

_____

38. $\sqrt{3}$ 은 유리수가 아님을 증명하세요.

_____

_____

_____

39. 산술·기하평균의 관계식을 쓰고 증명하세요.

_____

_____

_____

40. 함수의 정의에 대해서 쓰세요.

_____

_____

_____

41. 함수의 정의역, 공역, 치역에 대해서 쓰세요.

_____

_____

_____

42. 역함수의 정의에 대해서 설명하세요.

_____

_____

_____

43. $y=|f(x)|$꼴의 그래프를 그리는 방법을 설명하세요.

_____

_____

_____

44. 이차함수 $y = ax^2$의 그래프를 설명하세요

45. 이차함수 $y = ax^2 + bx + c$의 그래프를 설명하세요.

| 공통수학2 | **12.유리함수의 그래프**

46. $y = \dfrac{k}{x}(k \neq 0)$의 그래프를 설명하세요.

| 공통수학2 | **13.무리함수의 그래프**

47. 무리함수 $y = \sqrt{x}$의 그래프를 설명하세요.

| 대수 | **1.지수**

48. 지수가 유리수일 때의 지수법칙을 쓰고 (1)만 증명하세요.

_____

_____

_____

| 대수 | **2.로그**

49. 로그 밑의 변환식을 쓰고 증명하세요.

_____

_____

_____

| 대수 | **4.지수함수와 로그함수**

50. 지수함수 $y = a^x (a > 0, \ a \neq 1)$와 로그함수 $y = \log_a x (a > 0, \ a \neq 1)$
    의 성질을 각각 쓰세요.

_____

_____

_____

| 대수 | **7.삼각함수의 정의**

51. 부채꼴의 호의 길이와 넓이 공식을 쓰고 증명하세요.

52. 일반각의 삼각함수의 정의를 설명하세요.

| 대수 | **8.삼각함수의 기본성질**

53. 삼각함수 사이의 관계식을 쓰고 증명하세요.

54. $y=\sin x$, $y=\cos x$, $y=\tan x$ 그래프의 성질을 각각 쓰세요.

_____

_____

_____

55. 사인(sine)법칙과 코사인(cosine)법칙을 쓰고 각각 증명하세요.

_____

_____

_____

56. 등차수열의 합의 공식을 쓰고 증명하세요.

_____

_____

_____

| 대수 | **14.등비수열**

57. 등비수열의 합 공식을 쓰고 증명하세요.

| 대수 | **15.수열의 합**

58. 기호 Σ의 기본성질을 쓰고 증명하세요.

| 미적분1 | **1.함수의 극한**

59. 좌극한과 우극한에 대해 쓰세요.

---

60. 함수의 연속에 대해서 설명하세요.

_____

_____

_____

61. 미분계수를 설명하세요.

_____

_____

_____

62. 삼차함수의 그래프의 개형을 모두 그리세요.

_____

_____

_____

63. 삼차방정식의 근의 판별에 대해 설명하세요.

_____

_____

_____

| 미적분1 | **8.속도·가속도**

64. 시각에 대한 함수의 길이, 넓이, 부피의 변화율을 쓰세요.

| 미적분1 | **9.부정적분**

65. 부정적분의 기본공식을 쓰고 증명하세요.

| 미적분1 | **10.정적분**

66. 정적분의 성질을 쓰고 증명하세요.

---

67. 우함수와 기함수의 정적분에 대해 설명하세요.

---

68. 정적분으로 정의된 함수의 미분을 설명하고 증명하세요.

_____

_____

_____

69. 두 곡선 사이의 넓이에 대해 설명하세요.

_____

_____

_____

70. 수직선 위를 움직이는 점의 위치와 움직인 거리에 대해 쓰세요.

_____

_____

_____

수학을 유난히 어려워하는 아이들을 위한 공부 전략

대치동 수학 고민 상담소

초판 1쇄 발행 2024년 1월 7일
초판 2쇄 발행 2024년 2월 6일

지은이 김현정
디자인 표지 어나더페이퍼 본문 박재원
교정교열 남은영

펴낸곳 브리드북스 ㅣ 펴낸이 이여홍
출판등록 제 2023-000116호(2023년 10월 11일)
주소 서울시 마포구 토정로 222 306호
이메일 breathebooks23@naver.com

ISBN 979-11-985453-5-0(03370)